U0586756

藏書

珍藏版

二十四史

精编

赵文博 主编

伍

辽海出版社

目　录

南　史

北　史

隋　书

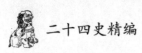二十四史精编

旧唐书

南

史

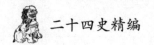
《南史》概论

　　《南史》，唐初史学家李延寿撰，共八十卷，包括本纪十卷，列传七十卷。起宋武帝永初元年（420），迄陈后主祯明二年（589），记南朝宋、齐、梁、陈四代一百七十年的史事。

一

　　《南史》是李大师、李延寿父子两代，用了十多年的功夫，参阅了大量资料，进行严格增删修正而成的；编成后，又经著名史学家令狐德棻亲自修改，质量是相当高的，是一部有价值的史书。

　　《南史》的篇幅比起南朝四部正史来要少得多。将

《南史》与"四书"相对照，我们发现他删去了《宋书》中大量的夹叙文字，同时也删去了本纪中的诏册、让表等官样文章，每篇只留下一至二篇，对其他诏书、令制，也多作删削。在列传中，多删去词章作品、奏议文章，但意义较大的名篇，又全文照录。如《南史·陈伯之传》全文录载丘迟《与陈伯之书》、《任窻传》全文录载刘孝标《广绝交论》，等等。

李延寿将一大堆史料删烦去冗，编辑连缀，文字颇有条理，突出了纪、传的叙事部分，读起来更为清楚醒目。范文澜在《正史考略》中说，《南史》、《北史》虽删节很大，但并未削弱其史料价值；卷数虽少于八书，但读起来反觉充实，应该说这种评价是中肯。但李延寿并不仅仅只有删削，增加史事、人物的地方也不少，尤其对齐、梁两代的史料有一些增加。

李延寿修《南史》时，正史中除依据沈约等人的四书外，还参见了谢吴的《梁书》、许亨的《梁史》以及徐爰、孙严各自的《宋书》，陆琼、顾野王、傅缚各自的《陈书》，等等。这些当然是李延寿增补史料的来源之一。来源之二，乃是杂史一类的著述，这是李延寿最为重视的一部分。如无名氏《宋中兴伐逆事》、姚最

《梁昭后略》、萧韶《梁太清纪》、萧世怡《淮海乱离志》、刘仲威《梁承圣中兴略》等等。这类著述，多为作者耳闻目见之事，有较高的史料价值。但这些珍贵的著述，因其短小，极易散失。李延寿有鉴于此，遂参阅了这方面的著述一千余卷，将其珍贵的资料网罗到《南史》中去。在《南史》中，李延寿补充了张彪传及庾子舆、王鉴之、王玄象、谢澹、王斌、王僧龄等附传；在《循吏》、《文学》、《隐逸》、《恩绗等类传中，也补充了若干人的传或附传。如《循吏传》中增补了甄法崇、王洪范、郭祖琛等传，《文学传》中增补了纪少瑜传及吴迈远、孔逭、虞通之、虞絷、司马宪、袁仲明、孙诜、王子云、费昶、范怀约、谢善勋、韦仲等附传。《隐逸传》中增补了渔父传及孔技、孔总、赵僧岩、蔡荟、释宝志等附传。《恩绗传》中，由于梁、陈二书无此类传，增补就更多。增立传的有茹法珍、周石珍、陆验、孔范等，增为附传的有綦母珍之、杜文谦、徐龙驹、曹道刚、梅虫儿、徐世標、王抃之、徐缺、王腝、王仪、沈㥄等。《南史》除补充一些纪、传外，在四书已有的纪、传中，也补充了不少史料。其中又以对《梁书》的增补最有价值。譬如，南史补写了《郭祖琛传》及郭祖琛揭露梁武帝残民佞佛的弊政；于《范缜传》增写了这位著名思想家恪守信念、不肯"卖论取官"的坚定立场和崇高精神；于《元帝纪》增写了梁元帝对臣下的种种猜忌；于《后妃传》增写了徐妃的淫秽；于《临川王宏传》增写了萧宏的懦弱、聚敛、奢侈等；在《刘怀珍传附刘峻传》中，增补了刘峻与母出家为僧尼、梁武帝策锦被事等事迹。这些都是关系到"人之善恶，事之成败"的重要史实。正是如此，《南史》在叙事上也有一些地方比"四书"来得详细。如《南史·齐高帝诸子传》比《南齐书·高祖十二王传》就详细得多，其中《始兴王鉴传》从六十余字增至九百余字；《江夏王锋传》从一百七十余字增至七百字。清赵翼在《廿二史札记》和《陔余丛考》中列举了不少《南史》增补四书的事例，可供参考。

《南史》根据旧史改编而成，但它对旧史的错误或曲笔多有更正。南北朝以来的史学著作不同程度地存在着曲意为某朝统治者或为当朝统治者回护的弊病，特别是《宋书》、《齐书》、《梁书》、《陈书》等，淹没和歪曲了一些历史事实，李延寿都据事直书，加以订正。

二

　　南朝时期，南方士族已开始没落。门阀制度在曹魏后期最终形成，经过西晋一代的巩固，到东晋充分发展，至南朝，已经历了一百多年。在这漫长的岁月中，高门士族凭借特权坐致高官厚禄，在长期养尊处优的生活中自行腐朽，在他们争权夺利的内部斗争中互相削弱，在农民起义的不断打击下被消灭。尤其是东晋末年的孙恩起义，将北府兵最后一个士族将领、谢安的儿子卫将军谢琰杀死。此后，北府兵就落入寒门手中。到了南朝，士族已不再执掌兵权。因此，南方士族在南朝时开始没落，已成无法挽回的趋势。但越是日暮途穷，越要拼命维护他们的特权地位，尤其要保住世代相传的族望，士庶之间的界线也更加不可逾越。这种时代特色在《南史》中得到充分反映。《南史》的一个显著特点，和《北史》一样，在列传中大多采用家传形式，按一个族的世系而不依某一历史人物的时代立传。凡是一个族的子孙都附在一个先祖名下，往往一个传附上一大串人，有些人根本没有什么事迹可记，只两、三行字一篇的都有。只有专传例外，如《儒林》、《文学》、《孝义》、《恩绂等，是按人物的特点类型集中在一起。

《南史》删掉了宋、齐、梁、陈书中"索虏"一类民族间互相鄙视的字眼，因为编书时国家早已统一，经过三百年的发展，这一时期的民族大融合已经完成，民族的界限和隔阂已基本消失。李延寿将南、北两个政权看成平列的历史整体，没有因为南方是汉族就视为正统，这不仅是社会的客观存在对他的影响，这也说明他在编写史书问题上，对多民族国家的正确态度。

《南史》文笔简炼，行文流畅，并强劲有力，这是历代史学家所公认的。但是，《南史》也存在一些弊病。

首先是删削不当。例如《南史》删去《宋书·孔灵符传》中的"山阴湖田议"、羊玄保的"吏民亡叛罪同伍议"，等等。在这些作品中，有的涉及到当时的社会、经济状况和政治事件，《南史》全部删去或节录太少，是不妥的。梁范缜关于神灭的辩论是研究当时意识形态的宝贵材料，也被《南史》删去，十分可惜。

第二是增补不当。李延寿在增补史料时，把不应增补的史料增补进《南史》，形同蛇足。如《宋武帝纪》、

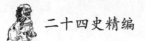

《齐高帝纪》、《梁武帝纪》、《陈武帝纪》中，记符瑞、载鬼神竟各多达几千字。《南史·张彪传》记张彪和妻杨氏以及所养之犬黄苍的事，无不怪诞离奇，几乎写成一篇传奇小说。这是由于作者撰述过程中，吸收了不少"小说短书"一类文字的缘故。

第三《南史》纪、传之间还间有龃龉之处，于官名的去留，删削不当等等，阅读时应予留意。

三

《南史》有本纪十卷，分为《宋本纪》、《齐本纪》、《梁本纪》、《陈本纪》。宋自永初元年（420）刘裕称帝建国至升明三年（479）宋顺帝被废黜，齐代宋为止，历八代皇帝，共五十九年，史称刘宋。齐，历史上又称南齐，自建元元年（479）萧道成废宋建国至中兴二年（502）齐和帝被废，梁取代齐为止，历七代皇帝，共二十三年。梁自天监元年（502）萧衍代齐至太平二年（557）梁敬帝被废，陈代梁为止，历三代皇帝，五十六年。陈自永定元年（557）陈霸先称帝建国至祯明三年（589）隋大军南渡长江，攻下建康，陈后主被俘，陈朝灭亡为止，历五代皇帝，共三十二年。《宋本纪》、《齐本纪》、《梁本纪》、《陈本纪》分别以各朝的每代皇帝为中心，概括地叙述了每朝代各个时期的大事。

通过这些本纪的阅读，我们可以大致了解南朝时期的政治演变的大致梗概。

齐（479～502）的开国皇帝是萧道成，梁（502～557）的建立者是武帝萧衍，他们统治的后期，政治极端腐败，最终导致了侯景之乱，北强南弱的形势已不可逆转。

陈的创立者是灭掉侯景的陈霸先。他于557年废掉萧方智，自立为帝。陈国力远不如刘宋，即比齐梁也不如，国土缩小，经济衰落，为隋所灭是大势所趋。

从上述本纪反映的南朝政权的演变情况，我们可以看到南朝时的政治极不稳定，政权更迭频繁；就军事国力而言，是北方强于南方，所以最终由隋统一了全国。

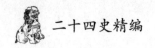
政　略

衡阳王受训

（义季①）尝大蒐①于郢③，有野老④带苫⑤而耕，命左右斥之。老人拥耒⑥对曰：“昔楚子⑦盘游，受讥令尹⑧，今阳和扇气，播厥⑨之始。一日不作，人失其时。大王驰骋为乐，驱斥老夫，非劝农之意。”义季止马曰：“此贤者也。”命赐之食。”老人曰：“吁！愿大王均其赐也。苟不夺人时，则一时则享王赐，老人不偏其私矣。斯饭也弗敢当。”问其名，不言而退。

（《南史·宋衡阳王刘义季传》）

【注释】

①义季：刘义季，南朝宋武帝刘裕子，封衡阳王，宋文帝时病死。②大蒐：围猎。③郢：古地名，在今湖北荆沙。④野老：老农。⑤苫（shān）：用茅草编成的履盖物。⑥耒（lěi）：

原始的翻土农具，类似木叉。⑦楚子：楚王。周代封国中，楚原封子爵，故对楚君称楚子，但很早就自称楚王。⑧令尹：春秋、战国时期楚国最高官职。拥耒老人在这里所说的"楚子"大概是指楚庄王，楚庄即位之初"不出号令、日夜为乐"，谏劝过他的有多人。⑨播厥，播种。语出《诗·周颂·载芟》。

【译文】

刘义季曾大规模围猎于郢，见有老农披着蓑衣在田野间耕作，便命左右过去呵斥。老人手拿着耒回答说："从前楚子沉缅游乐，受到令尹的讥笑，如今阳光和煦，春意盎然，正是播种之始。农夫一日不耕作，就是失去了宝贵的时机。大王随意驰骋为乐，驱斥老夫，不是鼓励农作的表示啊！"义季勒住马缰，说："这是贤者啊。"命令赏赐给他吃的东西。老人说："唉！愿大王让人们都能受赐。如果不妨碍农时，那么将来的收成就是我们享受的大王的恩赐。老汉我不想单独受赐，这饭食也就不敢当了。"刘义季问他的名字，他没有告诉就避开了。

殷氏刑前遗言

劭①妻殷氏赐死于廷尉，临刑谓狱丞江恪曰："汝家骨肉相残②，何以枉杀天下无罪人？"恪曰："受拜皇

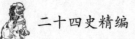

后③，非罪而何？"殷氏曰："此权时④耳，当以鹦鹉⑤

为后也。"

（《南史·刘劭传》）

【注释】

　　①劭：刘劭，南朝宋文帝长子，拜为太子，却发动宫廷政变，杀死文帝，自立为帝，旋即遭到其弟刘骏等的声讨，不久即兵败被杀。《宋史》称之为"元凶"，与其同伙刘浚一起列为"二凶"。②汝家骨肉相残：殷氏所谓"汝家"是指刘家。③受拜皇后：刘劭拜殷氏为后。④权时：临时；暂时。⑤鹦鹉：姓王，原为刘劭姊东阳公主家婢女，后与刘劭狼狈为奸。刘劭败后，亦被杀。

【译文】

　　刘劭的妻子殷氏被赐死于廷尉，临刑前，她对狱官江恪说："你们刘家骨肉相残，为什么要冤杀天下无罪之人？"江恪回答说："你受拜当了皇后，怎么还说无罪呢？"殷氏说："这只不过是暂时的，以后是要让鹦鹉当皇后的。"

御　人

宋季雅买邻而居

初，宋季雅罢①南康郡，市宅居僧珍②宅侧，僧珍问宅价，曰："一千一百万"。怪其贵，季雅曰："一百万买宅，千万买邻。"及僧珍生子，季雅往贺，署函③曰"钱一千"。阍人④少之，弗为通，强之乃进。僧珍疑其故，亲自发，乃金钱也。遂言于帝，陈其才能，以为壮武将军、衡州刺史。将行，谓所亲曰："不可以负吕公。"在州大有政绩。

（《南史·吕僧珍传》）

【注释】

①罢：被免去。②僧珍：吕僧珍，南朝齐、梁间人，得梁武帝信用。③署函：函，盒子、封套。署，书写。④阍人：守门人。

【译文】

起先，宋季雅被免去南康郡的职务，在吕僧珍家的旁边买了住宅，吕僧珍问他价格，回答是"一千一百万"。僧珍对这么昂贵的价格感到奇怪，季雅说："我花 100 万买房，1000 万买邻居。"待到僧珍生子，季雅前往祝贺，送了一个盒子，上面写着："钱一千。"守门人觉得这份礼太轻，不给他通报，他硬要进去，才放他进。僧珍怀疑这里有什么名堂，亲自打开，原来是金子铸的钱。于是，吕僧珍向皇帝推荐宋季雅，说他很有才干，宋被起用为壮武将军、衡州刺史。在启程赴任时，宋对他的所亲信的人说："不可以辜负了吕公啊。"到了衡州后，他大有政绩。

何、颜辩图官

有人尝求为吏部郎，尚之①叹曰："此败风俗也。官当图②人，人安得图官。"延之③大笑曰："我闻古者官人以才，今官人以势，彼势之所求，子何疑焉？"所与延之议论往反，并传于世。

（《南史·何尚之传》）

【注释】

　①尚之：何尚之，南朝宋大臣。②）图：谋取。③延之：颜延之，南朝宋人，文章冠绝当时，与谢灵运齐名。又和何尚之有深交。

【译文】

　有人曾提出要当吏部郎的官，何尚之叹息道："这真是败坏风俗。应该是官职取人，人又怎么能去谋官职。"颜延之大笑说："我听说古时凭才能任人为官，而今却是论势力授人官职，他凭势力求官，你又有什么令人不解呢？"他和颜延之在一起议论和互相答往的，都传播开去了。

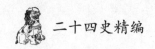

法　制

吕僧珍公私分明

僧珍①去②家久，表求拜墓，武帝③欲荣以本州，乃拜南兖州④刺史。僧珍在任，见士大夫迎送过礼，平心率下，不私亲戚。兄弟皆在外堂，并不得坐。指客位谓曰："此兖州刺史坐，非吕僧珍床。"及别室促膝如故。从父⑤兄子先以贩葱为业，僧珍至，乃弃业求州官。僧珍曰："吾荷⑥国重恩，无以报效，汝等自以常分，岂可妄求叨越⑦。当速反葱肆⑧耳。"僧珍旧宅在市北，前有督邮廨⑨，乡人咸劝徙廨以益其它。僧珍怒曰："岂可徙官廨以益吾私宅乎？"姊适于氏⑩，住市西小屋临路，与列肆杂。僧珍常导从卤簿⑪到其它，不以为耻。

（《南史·吕僧珍传》）

【注释】

①僧珍：吕僧珍，南朝齐、梁间人，得梁武帝信重。②去：

16

离。③武帝：南朝梁武帝萧衍。④南兖州：治所在广陵（今江苏扬州）。吕僧珍家"世居广陵"。⑤从（zòng）父：伯父、叔父。⑥荷：承受。⑦叨越：非分占有。⑧肆：经商之店铺或摊位。⑨督邮廨：督邮，官名，负责郡内监察。廨，官舍。⑩姊适于氏：姊（zǐ）：姐姐。适，嫁。⑪卤簿：官员出行随从的仪仗。

【译文】

吕僧珍离家日久，上表请求拜祭祖墓，梁武帝有意让他荣耀于本州，于是就任命他为南兖州刺史。吕僧珍在任职期间，对于士大夫的接待有过于礼，以公平之心对待下属，不特别照顾亲戚。兄弟都在外堂站着，不给坐，指着留给客人的坐位说："这是兖州刺史支配的座位，不是吕僧珍的床。"等到了内室，则又促膝交谈，亲密如故。他伯叔父兄弟的儿子原先以卖葱为生，僧珍到任后，就不干卖葱的活了，要当官。僧珍说："我承受国家重恩，没法报答，你们各有本份，怎么可以有非分的要求，你还是赶快回到卖葱的地方去吧。"僧珍家的老屋在市场之北，前有督邮官署，家乡人都劝他把官署挪走，扩展住房。僧珍闻说发怒道："怎么可以移走官署来拓展我的私宅呢？"他的姐姐嫁给姓于的人家，住在市场西靠路边的小屋，和店铺混杂。而他常指引随从的仪仗和官员到姐姐家去，不以为这有什么丢面子。

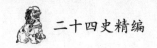

皇上动情谅死罪

又有建康①人张悌，家贫无以供养，以情告邻富人，富人不与，不胜忿，遂结四人作劫，所得衣物，三劫持去，实无一钱入己。县抵悌死罪。悌兄松诉称："与弟景是前母子，后母唯生悌，松长不能教诲，乞代悌死。"景又曰："松是嫡长，后母唯生悌，若从法，母亦不全。"亦请代死。母又云："悌应死，岂以弟罪枉及诸兄。悌亦引分②，乞全两兄供养。"县以上谳③，帝以为孝义，特降死，后不得为例。

（《南史·张悌传》）

【注释】

①建康：东晋南朝都城，在今江苏南京。②引分：此指承担罪责。③谳（yàn）：议罪，讨论疑难案件。

【译文】

又有一个建康人张悌，家中贫困，无以度日，向邻家富人告诉实情，寻求施助。富人不给任何帮助，张悌气愤不已，于是就拉了3个人，一起抢劫，所得的衣服和其他物品，都被那

3 人拿走，张悌实在什么也没得到。县里判他死罪。张悌之兄张松向官府上诉说："我和弟弟张景都是前母所生，后母只生了张悌一个儿子，我是兄长，不能教诲，请求允许我代替他去死。"而老二景说："松是家中老大，后母只生了弟弟张悌，假如处他死刑，母亲势必也难以活下去了。"他也请求代张悌死。母亲又出来说："悌儿罪而当死，怎能因为弟弟的罪过害了无辜的兄长。张悌已承认罪责，请求保全他的两个兄长，供养我的生活。"此案送到县以上复议，皇帝认为这是孝义，特地下令不判死刑，但以后不得以此为例。

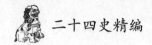

军 事

王僧辨驭下无法

景①自出战于石头城北，僧辩②等大破之。卢晖略③闻景战败，以石头城降。僧辩引军入据之。景走朱方④，僧辩命众将入据台城。其夜军人失火烧太极殿及东西堂。僧辩虽有灭贼之功，而驭下无法，军人卤掠⑤，驱逼居人⑥。都下百姓父子兄弟相哭，自石头至于东城⑦，被执缚者，男女裸露，袒衣⑧不免。缘淮号叫，翻思景焉。

（《南史·王僧辩传》）

【注释】

①景：侯景，原为东魏大将，后降梁，不久发动叛乱，给江南地区造成巨大破坏，公元552年，兵败被杀。②僧辩：王僧辩，梁大将，与陈霸先合力击败侯景，收复建康。后为陈霸

20

先所杀。③卢晖略：侯景手下重要将领。④朱方：古地名，在今江苏丹徒境。⑤卤掠：同"虏掠"，抢夺人和财物。⑥居人：居民。⑦东城：疑为建康的东府城。⑧袇（nì）衣：贴身内衣。

【译文】

侯景亲自战于石头城北，王僧辩等大破之。卢晖略听说侯景战败，交出石头城投降。王僧辩带领军队入城，占据了石头城。侯景逃向朱方，僧辩命令众将领入据台城。当夜，军人失火烧太极殿和东西堂。王僧辩虽然有灭贼之功，但没有控驭部下，军人抢掠人财，驱逼居民，首都地区的百姓父子兄弟相哭，自石头城到东府城，被抓被缚的，男女都没有衣穿，连贴身衣服都被剥夺。沿着秦淮河，一片号叫声，百姓反而开始思念侯景。

薛安都勇刺"万人敌"

孝建元年①，除左军将军②。及鲁爽③反叛，遣安都④及沈庆之⑤济江⑥。安都望见爽，便跃马大呼，直往刺之，应手倒。左右范双斩爽首。爽也枭猛，咸云万人敌，安都单骑直入斩之而反，时人皆云关羽斩颜良不是过也。

（《南史·薛安都传》）

21

【注释】

①孝建元年：公元454年。孝建，南朝宋孝武帝年号。②除左军将军：指薛安都被任命为左军将军。除：拜授官职。③鲁爽：晋宋间人，追随宋武帝刘裕，历任要职，是宋初重要将领，后谋反，被杀。④安都，薛安都，南朝宋重要将领，后投北魏。⑤沈庆之：南朝宋将领，后被前废帝所杀。⑥江：此指长江。

【译文】

孝建元年，薛安都被任命为左军将军。后来鲁爽反叛，派遣安都及沈庆之渡江。薛安都望见鲁爽，就跃马大呼，直刺鲁爽，鲁爽应声而倒了，身边的范双把鲁爽的头砍了下来。鲁爽是当世有名的猛将，都把他称为"万人敌"，薛安都单骑直入而把他杀了，当时人们都认为关羽斩颜良也不比这精采。

理　财

慰祖卖宅

慰祖①卖宅须四十五万，买者云："宁有减不？"答曰："诚异韩伯休②，何容二价。"买者又曰："君但卖四十六万，一万见与。"慰祖曰："岂是我心乎？"

（《南史·崔慰祖传》）

【注释】

①慰祖：崔慰祖，南朝齐人，《南齐书》、《南史》均入《文学列传》。②韩伯休：东汉人韩康，字伯休，常进名山采药，在长安市售卖，口不二价，30余年，妇孺皆知。

【译文】

崔慰祖出卖宅屋，标价45万钱，购买者说："难道不能减

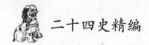

少些吗？"答道："虽然不是韩伯休，但怎么能有两个价。"买者又说："您就要46万，还有一万，算是让给我的。"慰祖说："这怎么会是我的心思呢？"

废帝败家

帝①既失道，朝事大小，皆决之西昌侯鸾②，鸾有谏，多不见从。极意赏赐左右，动至百数十万。每见钱曰："我昔思汝一个不得，今日得用汝未？"武帝聚钱上库5亿万，斋库③亦出三亿万，金银布帛不可称计。即位未碁岁④，所用已过半，皆赐与诸不逞群小。取诸宝器以相击剖破碎之，以为笑乐。及至废黜，府库悉空。

（《南史·齐废帝郁林王本纪》）

【注释】

①帝：此指南朝齐废帝萧昭业。②西昌侯鸾：萧鸾，齐宗室，后即帝位，即齐明帝。③斋库：用于祭祀等事务的专门金库。④碁（jī）岁：周年。

【译文】

废帝不走正道，朝中事无论大小，都由西昌侯萧鸾作主，

但萧鸾对他的一些规谏，他又听不进去。随心所欲地赏赐左右，一动就是百万、数十万。每回见到钱，总是说："从前我想你却一个都没有，今天我该痛快地用你吗？"齐武帝积聚了不少钱财，上库5亿万，斋库也有3亿万，金银布帛之类不计其数。但废帝即位不足一年，把这些钱财的一半以上都用掉了，主要是赏赐给那些正道走不通的群小。他常拿了各种宝器敲打破碎，以此为乐。到他被废黜的那个时候，府库已经都空了。

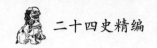

德　操

善理家业

义熙八年①，混②以刘毅③党见诛，混妻晋陵公主改适④王练⑤。公主虽执意不行，而诏⑥与谢氏离绝。公主以混家事委之弘微⑦。混仍世⑧宰相，一门两封，田业十余处，僮役千人，唯有二女，年并数岁。弘微经纪生业，事若在公，一钱尺帛⑨出入，皆有文簿。宋武受命⑩，晋陵公主降封东乡君。以混得罪前代，东乡君节义可嘉，听还谢氏。自混亡至是九年，而室宇修整，仓廪充盈，门徒⑪不异平日。田畴垦辟，有加于旧。东乡君叹曰："仆射⑫生平重此子，可谓知人，仆射为不亡矣。"中外姻亲、道俗义旧⑬见东乡之归者，入门莫不叹息，或为流涕，感弘微之义也。

（《南史·谢弘微传》）

【注释】

①义熙八年：公元 412 年。义熙，东晋安帝司马德宗的年号。②混：谢混，东晋人。③刘毅：东晋人，初与刘裕共事，后不能相容，后被刘裕打败，自杀身死。谢混是刘毅党羽，亦被赐死。④改适：改嫁。⑤王练：东晋宰相王导的曾孙，仕宋官至侍中。⑥诏：皇帝的命令。⑦弘微：谢密，字弘微，年 10 岁过继给从叔谢峻。⑧仍世：累代。⑨帛：丝织品的通称。⑩宋武受命：宋武，南朝宋武帝刘裕。受命，受"天命"而当上皇帝。⑪门徒：指世家大族的依附人口。⑫仆射：尚书省副长官。谢混曾任尚书左仆射。⑬道俗义旧：各方面的老关系。

【译文】

义熙八年，谢混由于是刘毅的党羽而被杀，他的妻子晋陵公主改嫁王练。公主尽管极不愿意，但皇帝下了诏书让她和谢氏离绝。公主把谢混的家事委托给谢弘微。谢混所在的谢家累世宰相，一门之中有两个封号，田业 10 余处，家中被驱使的僮仆有千余人，可他只有两个女儿，都只有几岁。弘微经纪这份产业，管事如同处理公事，一文钱一尺帛的进出，都有记载。宋武帝当了皇帝，晋陵公主的封号降为东乡君。由于谢混犯罪是在东晋，而东乡君的节义可嘉，就允许她重归谢氏。自谢混

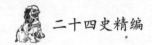

死至此已经9年了，而房屋都很完好，仓库也极充实，依附人口还是那些，垦田也比过去增加了。东乡君叹息道："仆射活着时看重这个侄儿，真可谓是了解人，仆射也可以说没有死啊。"中外亲戚，各方面的老相识，见到东乡君又回来了，到谢家来无不叹息，有的还感慨得流泪，都称道弘微之义。

刘苞思父

苞①三岁而孤②，至六七岁，见诸父常泣。时伯叔父悛、绘等并显贵，其母谓其畏惮③，怒之。苞曰："早孤不及有识，闻诸父④多相似，故心中悲耳。"因而歔欷，母亦悲恸。初，苞父母及两兄相继亡殁，悉假瘗⑤焉。苞年十六，始移墓所，经营改葬，不资⑥诸父。奉君母朱夫人及所生陈氏并扇席温枕⑦，叔父绘常叹伏之。

（《南史·刘苞传》）

【注释】

　　①苞：刘苞，南朝齐、梁间人。②孤：幼年失父。③惮：怕。④诸父：伯父、叔父。⑤瘗（yì）：埋葬。⑥资：依靠。⑦"奉君母"句："君母"，不易解，《通志》作"嫡母"。刘苞的生

母是陈氏，但朱氏是其父正妻，所以是他嫡母。扇席温枕，是为年老亲人所做的孝顺事。

【译文】

刘苞3岁就失去了父亲，到了6、7岁时，见到伯伯叔叔经常哭泣，其时他的伯、叔父刘悛、刘绘都极显贵，他母亲认为他哭泣是由于害怕，十分生气。刘苞说："我早失父亲，不知道父亲是什么模样，听说各位伯父、叔父大多和他相似，因此见了他们心中悲伤。"说着，又瘗欷泪下，母亲也悲痛不已。当初，刘苞父母及两兄相继亡故，都是临时埋葬。刘苞到了16岁，移了墓址，改葬亲人，而不依靠伯、叔的帮助。他侍奉嫡母朱夫人和生母陈氏十分周到，夏扇席，冬温枕，是常事，叔父刘绘赞叹不已。

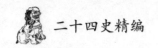

传世故事

王敬则受疑忌起兵反齐

南朝宋代的王敬则曾经刺杀过前宋废帝，萧道成拥兵自重时，又利用他勾结后宋废帝的内侍杨玉夫等人，刺杀了后宋废帝，拥立萧道成建立南齐政权，是为齐高帝。

萧道成统治时期，王敬则仍被重用，几次获罪而不被追问。齐高帝去世时，遗诏王敬则以本官侍中，抚军兼领丹阳尹，后又迁任会稽太守，加都督。但是齐朝内部倾轧严重，经过短命的齐武帝和郁林王、海陵王（均只在位一年）三朝，到齐明帝萧鸾时，他大开杀戒、性多猜忌。王敬则因为是高帝、武帝的旧臣，心中常怀恐惧不安。

齐明帝虽然表面厚待王敬，内心则极度疑忌防备，曾多次派人查访窥探他的饮食和身体情况。听说他年迈体衰，而且在所住的地方买地，才稍微心安。后来又派萧坦之带领斋仗五百人到晋陵（今江苏武进一带），王敬则的几个儿子在京都极度恐惧。齐明帝知道后，向萧衍问计，萧衍说："王敬则是个文盲匹夫，容易被打动。只须多多地赏给他美女玉帛，让他的亲信待遇丰厚，就可以了。"齐明帝依计而行。

吴中人张思祖，是王敬则的主要军师谋臣，当时做府司马，经常为王敬则出计办事。明帝就假意厚待他，提升为游击将军。又派遣王敬则的长子王仲雄到东部以分化王敬则。王仲雄善于弹琴，当时江东有汉代蔡雍遗留下来的焦尾琴放在府库中，明帝敕令王仲雄五天去弹一次。仲雄在明帝御座前鼓琴，作《懊侬曲》，歌中唱："常叹负情侬，郎今果行许"。又唱道："君行不净心，那得恶人题。"明帝听后愈发猜忌了。

永泰元年（498），明帝几次病重，生命垂危，他调张环为平东将军兼吴郡太守，在王敬则周围布兵秘密防备。内外传言朝廷要处置王敬则。王敬则听到消息后私下里说："东边现在有谁，只不过是要平定我罢了。东方岂能如此容易平定"。金罂就是毒酒。他的儿子们都大为恐惧。王敬则的第五个儿子王幼隆派遣正员将军徐岳把形势飞驰告诉了徐州行事谢缀，商议共图大事，如果谢缀同意就请他往报王敬则，没想到谢缀把徐岳抓起来报了官。后来王敬则的故旧亲戚把这消息传了回来，王敬则当晚召集文武佐僚饮酒赌钱，对众人说："卿等看我应当怎么办？"没人敢回答，只有防阁丁兴怀说："大人只管做该做的。"三天后王敬则起兵反齐。

（《南史·王敬则传》）

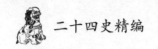

梁武帝慎用降将

南朝梁武帝萧衍起兵反齐，陈伯之奉命镇压。萧衍派人游说，陈伯之便倒戈，归附了萧衍，帮助反攻建康城（今南京市）。

建康城还没攻下来时，每当城内有人投降，陈伯之就把他唤到一旁耳语，萧衍便怀疑他又怀有反复之心。恰逢东昏侯之将郑伯伦来降，萧衍便让他转告陈伯之说："城里旧廷特别恨卿，要派遣信使劝卿再反水投降旧朝廷，如果卿回去了，就生割卿的手足以惩罚；如果卿不肯再反水，再派刺客来刺杀卿。"陈伯之大为恐惧，从此之后不再有二心。攻下建康后，梁武帝派他镇守一方。

但是陈伯之因为不是萧衍旧部，梁武帝对他仍然心存疑忌。伯之不识字，他还镇江州（今江西九江）后，一切事情都由梁武帝派来的典签作主，他只是被传与口信，其它文牒辞讼只能唯诺称是。当时，出身寒门的褚缊因为遭到门第优越的范云等排斥，求仕不得，褚缊私下说："武帝以来，门第低下出身草泽之间的人都成了贵人，为什么惟独我遭到厌弃。现在天下草创，丧乱还未成定局。陈伯之拥有强兵驻在江州，也不是武帝的旧臣，而遭到嫌疑。且去游说他与朝廷抗礼分庭，难道不是天赐良机吗？万一不成，再投奔北魏，也可以做个河南郡守。"

陈伯之十分宠信褚缉，在他和朱龙符等人劝说下，举兵反梁，自称讨逆将军，并称奉齐建安王萧宝缚（yín）之教。后梁武帝派临川（今江西南城）内史王观、豫章（今江西南昌）太守郑伯伦据郡而守，又派王茂率军西上攻击。陈伯之背腹受敌，战败，与儿子陈武牙以及褚缉等人北逃入魏。魏任用陈伯之为使持节散骑常侍、都督淮南诸军事，做平南将军、光禄大夫，封曲江县侯。此时为天监元年（502）。

天监四年（505），梁武帝诏命同父异母弟临川王萧宏统兵北伐魏。萧宏让文书幕僚丘迟私下里写了一封信给陈伯之，劝他归降梁朝："陈将军足下，无恙，幸甚。将军勇冠三军，有鸿鹄之志，过去曾因时而变，立功立事，开国受勋，拥有千军万马，何其壮也！但为什么又奔亡投虏，对穹庐北狄屈膝称臣，何其劣也！当年君北去时，并没有大的缘故，只是将军内不能自审，外不能拒排流言，才沉迷仓猝一时糊涂。现在圣朝赦罪责功，弃瑕录用，公心无人不知，无需我说将军您是知道的。历史上汉魏天子对待功臣都是既往不咎，何况将军您功高于当代而无古人那样的罪过呢。如将军迷途知返，不远而回，那真是胜过往哲昔贤了。当今主上宽宏大量，胸中连船都可以容得下。将军旧居的松柏还在，亲戚平安，妻妾翘盼，都等着将军归来。原来的那些功臣名将，都封赏有序，乘车秉节，驰骋疆场，世袭封爵，传予子孙，惟独将军您寄人篱下，效命夷人，岂不哀哉！现在北方魏国四面受敌，且作恶多端，大祸将至，将军现在就好比鱼游在沸水之锅里一样，却还迷惑不知。江南暮春三月，景色宜人，就像古代廉颇思念回赵国带兵一样，将军岂不思念故乡吗？当今皇帝盛明，天下安乐，边夷纷纷臣服，只有北方还在苟延残喘。现在临川王领兵正要讨伐中原，克魏指日可待。请将军对我的这番布怀之词，三思而后行。"

陈伯之得到这封信后，颇为感动，于是在寿阳（今安徽寿县）带领八千兵众归降了梁朝临川王，他的儿子被魏人杀害。陈伯之归降后，被任命为平北将军、西豫州刺史、永新县侯。还未到任，又改任骠骑将军，又任太中大夫，即为掌议论的散官，实际夺了他全部兵权。后来陈伯之死于家中。

（《南史·陈伯之传》）

宋武帝不忘本

宋武帝年轻时亲自在丹徒（今江苏镇江市东南丹徒镇）种田，即位之后，使用的农具有的还在，便让人珍藏起来，以便留于后世。后来宋文帝去旧宫，见到这些农具，问身边的人是怎么回事，左右乃以实告之，文帝面露羞愧之色。有一位近侍进言："大舜也曾亲耕于历山，大禹曾搞过建筑，陛下不亲眼

看看圣人的遗物，怎么能知道农民收种的艰难，又怎么能了解先帝至高无上的美德呢?!"等到宋孝武帝大明年间，拆毁宋武帝以前住的私室，在旧址建玉烛殿。宋孝武帝与群臣前往私室观看，见床头是土障，壁上挂着葛灯笼、麻绳拂。侍中袁觊极力称赞宋武帝勤俭朴素的美德，宋孝武帝也不回答，自言自语地说："一个庄稼佬能有这些，也算过分了。"由于宋武帝一生勤俭，故能拥有天下，终成帝业，了不起啊。

不与寒门为伍

中书舍人秋当、周赳都掌管要务，认为与张敷是同僚，张敷又是名门，便想去拜访他。周赳说："他如果不接待我们，就不如不去，怎可轻易就拜访他呢。"秋当说："我们也都是员外郎了，还怕不能共坐吗?"张敷先在旁边放了两个坐床，离墙壁三四尺。二人刚坐下，张敷便喊两边的人："把我的坐位搬开，离客人远点。"周赳和秋当二人羞愧得脸色都变了，赶忙告辞而去。

士庶天隔

黄门郎路琼之，是宋孝武帝母亲路太后的哥哥路庆之之孙，住宅与王僧达挨着。路琼之曾穿戴整齐地驾着车去拜访他，恰巧王僧达要出去打猎，衣服已换好。路琼之坐下后，王僧达一句话也不说，后来又讽刺他："我以前门下有个驺人叫路庆之，是你什么人？"于是把琼之坐过的床烧掉。路太后大怒，哭着对孝武帝说："我还活着，别人就欺负琼之，我死后他就得要饭去了。"孝武帝说："琼之年轻，没事到王僧达家去，被羞辱很正常。僧达是士族，难道能因为这治罪吗？"

人物春秋

凶险残暴　人神结怨——废帝刘子业

前废帝刘子业，小字法师，是孝武帝的长子。当初孝武帝镇守寻阳，前废帝留在都城。元嘉三十年，孝武帝入京讨伐逆臣元凶劭，元凶把前废帝囚禁在侍中下省，孝武帝登上皇位后，立他为皇太子。起初他并未住在东宫，大明二年（458），迁居东宫。大明七年，举行了加冠之礼。

大明八年（464），孝武帝逝世。当天，太子继承了皇位，实行大赦。任命大将军柳元景兼尚书令。设置了录尚书的官职，任命江夏王刘义恭担任录尚书，加封骠骑大将军柳元景开府仅向三司。

秋季，婆皇国派遣使者前来朝贡。尊称皇太后为太皇太后，皇后为皇太后。冬季的十二月二十一日，任命尚书左仆射颜师伯为尚书仆射。二十八日，命名京城近郊的数郡为扬州，命名扬州为东扬州。二十九日，加封车骑将军、扬州刺史、豫章王刘子尚位至司徒。两年内，东部各郡大旱，严重的时候一斗米卖钱数百，京城中也达到一百多，十分之六七的人饿死。设立了钱署进行铸钱，百姓便借此机会盗铸，钱变成假币，而且很小，商业贸易陷于萎顿。

景和元年（465）春季的正月初一，实行大赦，改年号为永光。十一日，派人视察各州驿站。二月二日，下令削减各州郡县采田俸禄的一半。二十七日，铸造二铢钱。

秋季八月十日，任命尚书仆射颜师伯为左仆射，吏部尚书王景文为右仆射。十三日，皇帝亲自率领宫中的卫兵杀死了太宰江夏王刘义恭、尚书令柳元景、左仆射颜师伯、廷尉刘德愿。改年号为景和。十四日，任命司徒、扬州刺史豫章王刘子尚担任尚书令。十五日，皇帝脱去丧服，穿上了锦绣皇袍。任命始兴公沈庆之为太尉。二十日，以石头城做为长乐宫，东府城做为未央宫。二十四日，以北府做为建章宫，南府做为长杨宫。二十九日，重新设立南、北两条驰道。

九月三日，来到湖熟，演奏军乐。八日，返回宫中。皇帝自以为过去在宫中，不被孝武帝所喜爱，等到即位以后，将要掘毁景宁陵，太史说这样做对皇帝不利，才停止了。于是便在皇陵上大肆扔粪，大骂孝武帝，又派人挖开了殷贵嫔的墓，因为恨她曾被孝武帝所宠爱。当初，贵嫔去世时，武帝曾为她建造了一座新安寺，皇帝也派人将它毁坏。还想杀掉寺院远近的僧人和尼姑。十一日，罢黜南徐州刺史新安王刘子鸾，赐他自杀。十七日，加封卫将军湘东王刘彧开府仪同三司。十九日，率军征讨徐州刺史义阳王刘昶，内外戒严，刘昶逃奔魏国。二十八日，解除戒严。允许百姓铸钱。

冬季十月四日，在徐州实行赦免。八日，东阳太守王藻下狱而死。把文帝的第十个女儿新蔡公主封为贵嫔夫人，改姓谢氏。增加守卫武士和短矛长戟，乘王车挂龙旗，出则警戒，入则清道。同时谎称公主已死，空办了一通丧事。二十六日，封豫州刺史山阳王刘休佑为镇军大将军、开府仪同三司。

十一月三日，宁朔将军何迈被捕入狱而亡。四日，杀死新任命的太尉沈庆之。十三日，下诏立皇后路氏，大会奏乐。十八日，皇子降生，就是少府刘矇的儿子。实行大赦，贪污、受贿、淫秽、盗窃，全部免罪，赐给做父亲较晚的人爵位一级。二十三日，封护军将军建安王刘休仁为骠骑大将军、开府仪同三司。二十九日，南平王王敬猷、庐陵王王敬先、安南侯刘敬深一同被赐死。

此时废帝日益凶狂悖谬，接连杀人，朝内外的百官，都不敢保障自己的脑袋。此前谣传湘中出天子，皇帝将南巡荆、湘以加镇压，定下日期杀掉四叔，然后发丧。当天夜里湘东王刘彧与身边的亲信阮佃夫、王道隆、李道儿秘密联结皇帝的左右亲信寿寂之、姜产之等十一人，密谋废除废帝。在此之前，皇帝喜欢游览华林园的竹林堂，让妇女在里面光着身子互相追逐，一个妇女不听，便把她杀掉。不久，他夜里梦游后堂，有一个女子骂道："皇帝悖谬，暴虐不道，明年挨不到禾稼长熟的。"皇帝大怒，就在宫中找到了一个与梦中所见相似的人杀掉。当天夜里又梦见所杀死的女子骂他道："你冤枉地把我杀死，我已经告到了上帝那儿。"至此，男巫女巫们都说：厅堂中有鬼。"皇帝与山阴公主以及六宫中的宫女数百人，便随着众巫捕鬼，赶走了侍卫人员，皇帝亲自射鬼。事情结束后，将要演奏靡靡之音，寿寂之怀中带刀直闯进来，姜产之为副，众宫女四散奔逃，废帝也仓皇逃跑。二人在后面追上了他，他大叫："寂！寂！"这样一连喊了三次，手已不能举起，随后便死在华光殿上，时年十七岁。太皇太后命令拥戴湘东王刘彧继承皇位。于是就把废帝埋葬在丹阳秣陵县南郊祭坛的西面。

废帝眼睛像胡蜂，嘴像鸟，脖颈长而下部尖，年幼时性情急躁，在东宫的时候常常受到孝武帝的责备。孝武帝西行视察，废帝上书请求随行侍候日常生活，字迹不公正，孝武帝斥责他说："写字总不长进，这是严重的一条，近闻你各种正业都很懈怠，越来越急躁乖张，为什么如此顽固！"废帝继位之初，继承了玉玺，傲慢而无哀容。蔡兴宗退朝后慨叹说："从前鲁昭公居丧不哀，叔孙氏自己请死，国祸，恐怕就在这里呀！"皇帝起初故意刁难各位大臣和戴法兴等，杀死戴法兴以后，各位大臣无不震恐。此后又连续杀死多位大臣，元、凯等人以下，全曾被殴打惩罚，朝内朝外人人恐惧，宫殿台阁一片惊慌。太后病重，派人去叫皇帝，皇帝说："病人房中多鬼，很可怕，怎么能去！"太后非常恼怒，对侍者说道："去拿刀来破开我的肚子，怎么生了这么一个孩子！"太后逝世几天之后，皇帝梦见太后对他说："你不仁不孝，本来就没有君王之相，你还这么愚蠢荒谬，也不会交上好运。孝武帝凶险残暴，和人神普遍结下怨仇，儿子虽然很多，但是并没有天命；皇位的归宿，应该还是文帝的儿子。"所以废帝便把各位叔叔都聚集到都城，生怕他们在外边成为祸患。

山阴公主淫荡过度，曾对废帝说："我和陛下虽然男女有别，但均来自先帝，陛下后宫美女数百，我却只有驸马一人，事情不平等，为何这么厉害！"废帝于是为她选立了面首三十人侍奉左右，晋升爵位为会稽郡长公主，品级等同于郡王，配给乐队一部，班剑二十人。皇帝每次出游，公主常常和朝臣一道陪驾。

废帝幼时喜欢读书，知道许多古事，粗略有些文才，自己撰写了《孝武帝诔》以及其他篇章，往往有些文采。因为以前魏武帝曾有发丘中郎将、摸金校尉，他也设置了这两个官职，由建安王刘休仁、山阳王刘休佑兼任。其他事迹不再多述。

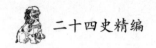

昏庸无道　帝业衰落——宋明帝

　　明帝喜读书，好文章，做藩王时曾撰写《江左以来文章志》，还曾续写卫眰注的《论语》二卷。在即皇位以后，旧臣中的有学之士多被提拔任用。晚年信奉鬼神，言语文书中有祸败凶丧或疑似之言应当回避的地方，谁若违反就加以杀害。他让把"騧"字改为"马"边加"瓜"，原因是"騧"和"祸"字相近。他曾把"南苑"称为"张永"，说："暂且借用三百年，到期后再作更换。""宣阳门"又称做"白门"，皇上认为"白门"不吉利，所以很忌讳。尚书右丞江谧曾经误犯了一次，皇上脸色一变说："白门！"路太后死后停尸的黑漆棺材移出东宫，皇上去东宫时正好碰上，大怒，下令免去长官中庶子之职，因此而处死的有几十人。朝内外的人经常担心会犯忌讳，人人感到不能自保。移床修壁，先祭土神，让文士给撰写祝祷之辞，如同进行重大祭祀。

　　阮佃夫、杨运长、王道隆都专权，他们的话就是圣旨，郡县长官缺一补十，朝庭内外一片混乱，依据贿赂任命官员，王、阮家里比侯王还富。中书舍人胡母颢专权，奏章尽皆获准。当时民间流传说："禾绢闭眼全答应，胡母张大口袋盛。""禾绢"就是指的皇上。到后来身边的人如果不合自己的心意，往往被

剖斩断截，宫人，十分恐惧，如踩刀剑。一天夜里皇帝梦见豫
章太守刘愔谋反，便派人到豫章郡去把他杀死。军事不息，府
库空虚，朝廷内外的各级官员薪水断发。在朝中能当上官的人
都是些市井商贩的儿子。他又让小黄门在宫殿里埋钱币做为私
藏。他用蜂蜜浸泡鱼肠酱，一次能吃好几升，吃腊肉常常多到
二百片。奢侈浪费过度，常常是制造一种东西，一定要正品三
十，副品、次副品又各三十。需要一种物品，就要造九十枚。
天下骚乱，百姓负担沉重，痛苦不堪。宋氏的帝业，也就自此
衰落。

北

史

《北史》概论

　　《北史》，唐初史学家李延寿撰，共一百卷，包括本纪十二卷，列传八十八卷，起北魏道武帝登国元年（386），迄隋恭帝义宁二年（618），记北朝魏、齐（包括东魏）、周（包括西魏）、隋四代二百三十三年史事，主要删节《魏书》、《北齐书》、《周书》、《隋书》而成，但也有新增史料，且有校勘、补正北朝史书的价值。

一

　　李延寿是唐初一位很有作为的史学家。有关李延寿的生平事迹，见于《北史·序传》和新、旧《唐书·

令狐德棻传》所附《李延寿传》。李延寿生长在一个富有藏书的家庭，父亲又是一个熟悉历史、了解当世人物的学者，这使他从小受到很好的家学熏陶，史学修养较高，成年后，便有志于史学著述。

唐贞观初年，李延寿踏入仕途，担任太子典膳丞，负责替太子进膳尝食的事情；后来，到崇贤馆任学士，负责保管经籍图书和教授诸王，以其修撰功绩转御史台主簿，管理行政杂务，同时任"兼直国史"，这是一种自身官位不高而有史才、参加史馆修史工作的职务，也称为"直国史"、"直史馆"。《南史》、《北史》毕功后，又撰《太宗政典》三十卷，进呈高宗皇帝，升为符玺郎，同时任"兼修国史"，这是一种以他官兼任修史工作的职务，地位高于"兼直国史"。

在这三十多年的政治生涯中，李延寿主要是在从事历史撰述中度过的。这期间，正是唐初历史撰述工作开展得有声有色并取得突出成就的时期。其间，不少历史撰述都凝聚着李延寿的一份辛苦和才学。

贞观三年（629），唐太宗指示朝廷大臣组织修撰梁、陈、齐、周、隋五代史。魏征担任《隋书》的主编，李延寿参加了修撰工作。修撰五代史是当时一件大事，参加撰写的人皆极一时之选。李延寿作为一个青年史学家能参加这项工作，说明了朝廷对他的重视。而他有机会在著名政治家魏征领导下，和著名学者颜师古、孔颖达等人一齐从事撰述工作，也确是一个很好的锻炼。遗憾的是，李延寿没有能够自始自终地参加这项工作。因为贞观五年（631），他母亲去世，他辞去了职务，在家守孝。此后，他被派往蜀中。

贞观十年（636），梁、陈、齐、周、隋"五代史"同时撰成，但这五部史书只有纪、传，而无书、志。因此，贞观十七年（643）唐太宗命褚遂良等人修撰梁、陈、齐、周、隋五朝典章制度的《五代史志》。李延寿也参加了这一修撰工作。经过十二、三年的功夫，《五代史志》于唐高宗显庆元年（656）成书。

贞观二十年（646）唐太宗下诏重修《晋书》。唐以前，历朝史学家所修晋史多达二十种左右，但唐初统治者对这些晋史都不满意，认为所记史事往往失实。参加重修《晋书》工作的共有二十二人，李延寿是撰者之一。

李延寿除前后三次参与修撰前朝史外，还参与了修撰当朝国史的工作。唐高宗显庆元年（656），长孙无忌、于志宁、令狐德棻、李延寿等十人撰成国史八十卷。这部国史，以纪传体记述了自李渊起兵至贞观末年的史事。

这些，都是有许多人同时参加的历史撰述工作。此外，李延寿还独力撰成了三部历史著作。除《南史》、《北史》外，还有一部是他在唐高宗时期撰成的《太宗政典》三十卷，读书记述了唐太宗时期的礼仪制度和史事，这是李延寿撰写的最后一部著作，他在把此书献给唐高宗后不久就去世了。唐高宗在调露年间读了《太宗政典》，称赞李延寿能够秉笔直书，感叹不已，于是给了李延寿的后人许多奖赏；同时又命人抄写两部，一部藏于皇家图书馆，一部赐给皇太子。

李延寿所参与的或独立完成的这些历史撰述，不论在唐初史学上，还是在整个中国古代史学上，都具有重要的意义。其中如《隋书》、《五代史志》（后附于《隋书》之后，久之，它便被称作《隋书志》）、《晋书》等，一直流传至今，是我国史学遗产中极可宝贵的一部分。这些事实说明，从李延寿自己的认识来看，他说他是生逢其时，十分幸运地赶上了一个好的政治环境，又能屡次参加皇家史馆工作，因而得以施展自己在史学上的抱负。从《旧唐书》作者的认识来看，他们认为，自唐高祖武德年间以后，"有邓世隆、顾胤、李延寿、李仁实前后修撰国史，颇为当世所称"。根据这个认识，他们把这四个人的传记附在《令狐德棻传》之后，是有道理的。

李延寿用力最勤、对后世影响最大的则莫过于《南史》和《北史》了。

二

李延寿编修《南史》、《北史》的过程相当艰苦。他的父亲李大师在世时，父子间时常讲论，使他增加了不少知识。贞观三年进史馆，受命至秘书内省佐颜师古、孔颖达二人撰修。唐朝内省图籍，经武德初年令狐德棻建议以重金购求天下遗书，并"置吏补寻，不数年，图典略备"。李延寿正欲继承完成其父未终之业，而苦于图书资料缺乏，现遇内省丰富的图籍，正可弥补其不足，于是利用编辑之暇，昼夜抄录北齐、梁、陈、周、隋五代昔所未见之书。贞观五年（631），他母亲去世，李延寿归家服丧。服丧期满后，入蜀为官，准备将已搜集到的资料开始编著，但提起笔来，又深感材料缺乏，不能编写下去。直到贞观十五年（641）回京任东宫典膳丞时，史馆总监令狐德棻启奏太宗，命李延寿预修《晋书》，李延寿又进史馆，始见到宋、北齐、北魏三代史料。贞观十七年（643），褚遂良又荐延寿预修《五代史志》，延寿又得以在内省遍览群籍，最后搜集到南北八朝正史资料，李延寿家境贫困，不能雇人抄写，只得亲自动手，昼夜集录，自此正式开始编修《南北史》。李延寿对诏命新修的姚思廉《梁书》、《陈书》、李百药《北齐书》、令狐德棻《周书》不太满意，对早已流行的魏收《魏书》、沈约《宋书》、萧子显《齐书》，更认为有改修的必要，遂以八书（另有《隋书》）为基础，充分利用父亲遗留下来的编年体草稿，又参考杂史一千余卷，删繁就简，补充订正，改其父原筹划之编年史体例，以纪传体体裁，撰军南北朝二史。《北史》起于北魏道武皇帝登国元年（386），终于隋恭帝义宁二年（618），记述魏、东魏与齐、西魏与周、隋六朝二百二十三年史事。经过十六年的努力，终于完成撰写工作。其《南史》先成，共八十卷，先呈请监国史、国子祭酒令狐德棻过目勘正，德棻"许令奏闻"。至唐高宗显庆四年（659），李延寿以十分激动的心情，最后把《北史》一百卷誉清，亦呈请令狐德棻过目详正，并遍咨宰相，遂表上朝廷。唐高宗善其书，亲自为他作序布行。

在具体撰述《北史》时，李延寿是将正史中的《魏书》、《北齐书》、《周书》、《隋书》，加以连缀改订，除其冗长，掇其菁华，对这四史以外的资料，则聚其遗逸，以广异闻，对四史中谬误之处，则加以订正。简言之，《北史》是对上述四史作删繁、增补、订正的基础上成撰的。在编纂上有如下的特点：

首先，在著述思想上，《北史》倾向统一的思想非常突出。倾向统一的历史思想是李大师、李延寿父子撰述南北朝史的指导思想，他们一反南北朝时的旧有传统，于北魏、北齐、北周历史立"本纪"，于宋、齐、梁各朝历史亦立"本纪"，而一概取消了《岛夷传》和《索虏传》的篇目，这种在历史撰述上不再强调南、北对立和华夷界限的认识和做法，反映了全国统一、天下一家的政治局面，反映了民族融合的伟大成果。

第二，通史的体例。李延寿说他撰写《南史》、《北史》是"以拟司马迁《史记》"。这不仅是指采用了纪传体而言，同时也是指采用《史记》作为通史的体例来说的。《南史》、《北史》和一般断代史不同，它接近于通史。这可以从它对史书断限的处理和类传的处理上看出。

在断限的处理上，李延寿突破了原先许多史家多以某一个皇朝兴亡作为史书断限的依据的格局，而把若干个皇朝的历史视为一个整体，即《南史》、《北史》分别把南朝和北朝看作是一个相对完整的历史阶段，其中又分别可以划分为若干个段落，因而《南史》有《宋本纪》、《齐本纪》、《梁本纪》、《陈本纪》，《北史》有《魏本纪》、《齐本纪》、《周本纪》、《隋本纪》，并以此作为《南史》、《北史》断限的依据。

在类传的编次上，本传按皇朝先后，在宗室传之后，继之以诸臣传，在文苑、儒林等类传中，把南方四朝的人物综合为一篇，而不是以类传系于某个朝代之下（如某朝某类传），即不是以类传服从于朝代顺序，而是以朝代顺序服从于类传。在各个传目之下分别贯串了南、北各朝的同一类人物，在采用通史的体例方面显得格外分明。

第三，以家族为中心立传。《宋书》等原八书列传，均以皇朝断限。《南史》、《北史》则打乱南、北朝皇朝的界限，以家族为中心立传。《南史》、《北史》主要根据八书并参以他史，进行删补移易的工作，移易主要是以家系为线索，不按朝代，因此，《南史》、《北史》的列传部分出现大量附传。这种附传同一般史书的附传所记人物的不同之处在于他们主要不是因为史事的联系而是由于家族的联系而入传的，不仅父子、兄弟可以入附传，而且凡是同姓同族之人都可入传。

李延寿的这种写法，被后世学者批评较多。《四库全书总目提要·北史》条、以及王鸣盛、赵翼等人都有指责，其中又以王鸣盛的斥责最凶。四库馆臣和王鸣盛的指责，没有弄清南北史之体例，及南北朝的具体历史条件。从史学和历史的关系来看，这种家谱式的列传，恰是魏晋以来士族政治的需要。早在东晋时，何法盛《晋中兴书》以列传为录，如范阳祖录、陈郡谢录、琅邪王录等，即以氏族名篇。在门阀地主统治时期，以家谱为轴心撰写历史，正体现了时代的重要特点。《南史》、《北史》列传承袭了魏晋以来谱学发展的遗风，在记述人物的活动时，往往把人物活动跟家族兴替和传统联系起来，进而又把这种家族的兴替跟封建皇朝的命

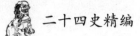
运联系起来，反映了当时的历史特点和社会风貌。清代钱大昕、孙志祖及李慈铭、近代人余嘉锡充分认识到了这一点。

第四，互见的方法。互见的方法是纪传体史书在撰述上常用的一种方法，它在于交代事物之间的联系，正因为采用了互见的方法，以记载人物活动为主的纪传体史书才可能具有内部结构上的完整性。《南史》、《北史》的互见的方法，除了表现在一般纪传体史书的所共同的，即它们各自内部的互见外，李延寿还有自己的创造——《南史》与《北史》的互见。

三

通观《南史》、《北史》有关纪、传，全面了解这些传主及传主两代人或三代人的事迹，由此可窥见南、北之间在政治、思想、文化上不可分割的联系。

《南史》、《北史》之成书，以李延寿进入史馆后广泛地参考官方资料为重要条件。书成后，更经过统治者的审阅批准，方得公开流传，所以，其书虽名为私撰，实质上与官修者相去无几，所以终于取得"正史"的

地位。

在唐高宗时，皇帝亲为《南史》、《北史》作序布行，至唐穆宗时，《南史》、《北史》已成为政府规定的入仕科目之一。

自《南史》、《北史》问世以来，一千多年来受到历代史学家和其他学者的重视，以及对它们进行研究和评论之多，在《史记》、《汉书》以外，于"正史"中是很突出的，而绝大多数研究者和评论者虽然差不多都指出《南史》、《北史》存在着这样、那样的缺点和不足之处，但是，他们也都充分肯定《南史》、《北史》的成功之处，充分肯定它们对于研究南北朝时期的历史、研究中国史学史的重要价值。

从我们今天的眼光来看，在历史思想上，应当肯定《南史》、《北史》注重南北统一的著述宗旨。南北朝产生的《宋书》、《南齐书》、《魏书》是分裂时代产生的历史著作，由于传统观念的影响和一家一姓的皇朝史格局的束缚，即使唐初修撰的梁、陈、齐、周、隋"五代史"，除《隋书》而外，其他各史都或多或少地带有消极的历史影响。在新的统一的历史条件下，用"天下一家"的思想重新撰述分裂时期的历史，这不仅是当时政治上的需要，而且对整个国家和民族在精神财富的建设与积累方面具有重要意义。

第二，应当肯定其较旧史"叙事简径，无繁冗、芜秽之词"。《宋书》等"八书"共五百三十七卷，而《南史》、《北史》仅一百八十卷，占原书的三分之一。这是李延寿"删落酿辞"，"叙事简径"的功劳。李延寿删削"八书"，在很大程度上进行了再制作，《南史》、《北史》比之于原作，不仅在篇幅上大为压缩，在史事上更加连贯，叙述部分就显得集中突出了，文字上也简洁易读，而且在史料上也有所增益。《南史》、《北史》以简洁有条理，为后世学者所公认。就《南史》、《北史》而言，《北史》详赡而《南史》疏略。

第三，从历史编纂上看，《南史》、《北史》继承了《史记》所开创的中国史学史上的通史家风，也效法班固、范晔和陈寿，他把南朝宋、齐、梁、陈及北朝之魏、齐、周、隋八国的历史发展，从头到尾作纵的叙述，成为通史一段，深得司马迁《史记》的遗规，又把分立的南北各国分别叙述，但又互相照应，极纵横离合之妙，符合陈寿《三国志》的体裁，合国别史和通史为一门。

第四，《南史》、《北史》流传广，影响大，对传播南北朝时期的历史知识起了积极的作用，对后人研究南北朝史、中国史学史做了贡献。从唐至宋，南北"八书"除《隋书》附有《五代史志》，为人们重视外，其余七书则流传不广，读者甚少。在唐宋时期，"八书"流传和影响远远不及"二史"。所以，世人了解南北朝史主要靠着读《南史》、《北史》、，对后人研究历史所发挥的作用，可从司马光《资治通鉴考异》和胡三省《资治通鉴音注》中不少地方采用南北史说法为证。

我们肯定《南史》、《北史》的历史地位，也不是说可以用"二史"代替"八书"。"二史"和"八书"在反映南北朝时期历史面貌和传播这一时期的历史知识方面，各自都有贡献，都有受到重视的理由和根据，只能互相补充，而不能偏废其一。当然，《南史》、《北史》也存在着一些明显的缺点。

首先，《南史》、《北史》被后世学者批评最多的，是对南北"八书"的删削、改编不当。"二史"对"八书"的删削大多是诏诰、册文、事表、疏、议、书、赋等，这无疑使史书的文字更加精炼，增强了可读性。但一些重要的议论、奏章和好的作品不应删节而删节，则使重要史实阙书。如北魏李安世关于均田的奏疏，是研究当时阶级关系的宝贵资料，《北史·李孝伯传》附《李安世传》删去了，《北史》还将《北齐书》中不少有关北魏、东魏以及北齐时期人民起来反抗的史事一一删去，这些都是极为不妥的。

第二，《南史》、《北史》对"八书"中某些改编安排不当。南北朝原为一个历史时期，李延寿分写成二书，各自成一体系，于南朝和北朝之间互相关联的事、关联的人，往往各据原史书机械地编录，因而割裂、错置以及矛盾、重复之处，仍所在多有。如谯国夫人洗氏，世为南越（今广东境内）首领，历梁、陈二代，卒于隋文帝时，是南方重要人物之一，应在《南史》中为之立专传，而因原传在《隋书·列女传》中，便收于《北史·列女传》中。而林邑、蠕蠕、宕昌、高丽、刘昶、薛安都、萧宝寅、萧综、萧大圜、萧祗、萧泰，南北史均各立传。虽然上述诸人在南北朝的主要事迹，都分别载于《南史》、《北史》中，并不重复，但如将一人的事迹集中于一传中叙述，则更为清晰简明。

第三，还有因不应增补而增补形同蛇足。李延寿不仅增写了一些"琐言碎事"，而且还增写了些荒诞不经

之事，有损于历史著作的严肃性和真实性。

　　此外，在《南史》、《北史》之间，纪传之间，还间有抵牾的地方，特别是《南史》、《北史》抹杀了隋王朝统一南北的事实，把隋王朝和其他七朝并列，置隋于《北史》，没有给它以应有的历史地位。

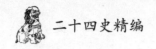

政　略

太武帝拓跋焘

（拓跋焘①）性情俭率素，服御饮善，取给而已，不好珍丽，食不二味，所幸昭仪、贵人，衣无兼彩。群臣白帝，更峻京邑城隍以从《周易》设险之义，又陈萧何壮丽之说。帝曰："古人有言，在德不在险。屈丐蒸土筑城，而朕灭之，岂在城也？今天下未平，方须人力，土功之事，朕所未为。萧何之封，非雅言也。"每以财者军国之本，无所轻费。至于赏赐，皆是勋绩之家，亲戚爱宠，未尝横②有所及。

临敌，常与士卒同在矢石间，左右死伤者相继，而帝神色自若，是以人思效命，所向无前。命将出师，指授节度，从命者无不制胜，违爽③者率多财失。性又知人，拔士于卒伍之中，唯其才效所长，不论本末。兼甚严断，明于刑赏，功者赏不遗贱，罪者刑不避亲，虽宠

北 史

爱之，终不亏法。常曰："法者，朕与天下共之，何敢轻也。"故大臣犯法，无所宽假。

（《北史·太武帝纪》）

【注释】

①拓跋焘：北魏太武帝。②横：不由正道，不循正理。③违爽：违反；违背。爽，违背、过失。

【译文】

拓跋焘禀性清静，率直朴素，衣食住行，只要够用就行了，不喜欢珍奇丽品，吃的食物花样不多，他所宠幸的昭仪、贵人穿的衣服都没有任何的色彩。群臣禀告他，请他按《周易》设险之义来重新修筑京师城墙，又陈说了萧何当年有关大修宫室的言论。太武帝说："古人说，在于道德而不在于险固。屈丐用土高筑城墙，而我却消灭了他，难道这是城的原因吗？现在天下未定，正是需要人力的时候，大兴土木的事情，我不去做。萧何的建议，不是好话。"常常认为财钱是军国的根本，而不轻易加以浪费。至于赏赐，都是些有卓越贡献的勋臣，他的亲戚和所宠爱的人，没有一个不循正理而受到奖赏。

和敌人作战时，他常和战士们一起在箭簇中，左右死伤的人不断，而太武帝神色自若，所以人人都愿为他效力，所向披靡。命令将领率军出征，指挥调度。听从他的命令的，没有一个取得不了胜利，违背命令的多以失败告终。拓跋焘的天性又了解人，从卒伍中选拔士人，只要有专长，不论他出身何种家庭。他执法严明而又果断，明于刑赏，有功的人尽管出身低微，他都要予以奖赏；有过失的人尽管是贵戚，他也要加以惩罚，即使是他所宠爱的人，他也决不会姑息。拓跋焘常说："法律，是我和天下人的法律，怎么敢轻视它。"所以大臣们犯法，也决不会受到宽恕。

北魏孝文帝

帝①幼有至性。年四岁时，献文患痈②，帝亲自吮脓。五岁受禅，悲泣不自胜。献文问其故，对曰："代亲之感，内切于心。"献文甚叹异之。文明太后以帝聪圣，后或不利冯氏，将谋废帝，乃于寒月，单衣闭室，绝食三朝，召咸阳王禧将立之。元丕、穆泰、李冲固谏乃止。帝初不有憾，唯深德丕等。抚念诸弟，始终曾无纤介。惇③睦九族，礼敬俱深。虽于大臣，持法不纵。然性宽慈，进食者曾以热羹覆帝手，又曾于食中得虫秽物，并笑而恕之。宦者先有谮帝于太后，太后杖帝数十，帝默受，不自申明。太后崩后，亦不以介意。

听览政事，从善如流。哀矜百姓，恒思所以济益。天地、五郊、宗庙、二分之礼，常必躬亲，不以寒暑为倦。尚书奏案，多自寻省；百官大小，无不留心。务于周洽，每言，凡为人君，患于不均，不能推诚遇物。苟能均诚，胡越之人，亦可亲如兄弟。常从容谓史官曰："直书时事，无讳国恶。人君威福自己，史复不书，将何所惧！"南北征巡，有司奏请修道。帝曰："粗修桥梁，通舆马便止，不须去草划令平也。"凡所修造，不得已而为之，不为不急之事，重损人力。巡幸淮南，如在内地。军事须伐人树者，必留绢以酬其直。人苗稼无所伤践。诸有禁忌禳厌④之方非典籍所载者，一皆除罢。

雅好读书，手不释卷。《五经》之义，览之便讲。学不师受，探其精奥，史传百家，无不该涉。善谈庄、老，尤精释义⑤。才藻富赡，好为文章，诗赋铭颂⑥，在兴而作。有大文笔，马上口授，及其成也，不改一字。自太和十年已后，诏册皆帝文也。自余文章，百有余篇。

爱奇好士，情如饥渴。待纳朝贤，随才轻重。常寄以布素⑦之意，悠然玄迈，不以世务婴心。又少善射，有膂力，年十余，能以指弹碎羊髆骨⑧，射禽兽，莫不

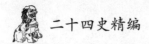

随行所至而毙之。至十五，便不复杀生，射猎之事悉止。性俭素，常服浣濯之衣，鞍勒铁木而已。帝之雅志，皆此类也。

（《北史·孝文帝纪》）

【注释】

①帝：即北魏孝文帝拓跋宏（元宏），生于公元467年，卒于公元499年。公元471—499年在位。即位时年仅五岁，由太皇太后（即文明太后）冯氏当国。公元490年，冯氏死，他才亲政。公元493年，从平城（今山西大同）迁都于洛阳。然后实行一系列汉化改革措施，加强了民族大融合。②"献文"句：献文，北魏帝拓跋宏的年号（公元466—471年在位），孝文帝元宏之父。痈（yòng），毒疮名。③惇（dūn）：敦厚。④禳（róng）厌：消除。禳，祭祷清除灾殃。⑤释义：佛教经籍的意义。释，人们对佛祖释迦牟尼的简称，后指佛教。⑥诗赋铭颂：均为文学之体裁。⑦布素：形容衣着俭朴。布指质地，素指颜色。⑧髆（bó）骨：肩胛骨。髆，同"膊"。

【译文】

孝文帝自幼就有至好的天性。四岁时，其父献文帝长毒疮，他亲自用嘴吸脓。五岁受禅即帝位，悲痛哭泣而不能自制。献

文帝问他原因，他回答说："代替亲人的位置，内心感到特别
难受。"献文帝大为感叹而认为他与众不同。文明太后认为孝
文帝聪明、圣达，以后恐怕对冯氏不利，就预谋废黜孝文帝。
于是，就在冬天里身穿单衣，闭门不出，绝食三天，召回咸阳
王拓跋禧并准备立他为帝。由于元丕、穆泰、李冲等人谒力谏
止才罢休。孝文帝当初对此一点也不感到仇恨，只是在内心里
感激元丕等。对诸兄弟的抚爱，始终没有什么区别。对九族之
亲，敦厚和睦，礼貌更深。即使对大臣，执法一点也不放纵任
为。他天性宽厚仁慈，进奉御食的人曾将热汤泼在孝文帝的手
上，又曾在饭食中发现了虫子等秽物，孝文帝都是宽恕了他们。
以前有宦官在太后面前诬陷了孝文帝，冯太后打了他数十棒，
孝文帝默然承受而不加以申辩。太后死后，他也不介意此事。

听省政事，从善如流。同情和哀怜百姓，常想对他们加以
赈济。对天地、五郊、宗庙、二分等祭祀礼节，常是亲自参加，
并不因为寒暑而感到厌倦。尚书所奏的案牍，他多数能亲自看
审；对大小百官，无不留心注意。对于一些事情，力求周到完
备，他常说，凡是作为君主的，担忧的是不均和不能够平心接
人待物。如果能做到均平和真诚，胡越等少数民族都可亲如兄
弟。常常从容地对史官们说："直写史事，不要忌讳国家的隐
恶。人君作威作福，史书不加记录，他们还有什么可以害怕
的！"南北方征讨和巡防，有司奏请修建道路。孝文帝说："简

单地修建桥梁，能通车马就可以了，不需要去割草平地去修路。"凡是所加以修建的工程，都是在万不得已的情况下去从事的，不干不急需的事情，以节省人力。巡视到淮河以南的地区，如同在内地一样，军事上需砍伐百姓的树木时，一定要留下丝绢来作为树木的酬金。对百姓的庄稼没有丝毫的损害。对那些有关禁忌和消灾的方术，凡是史书典籍没有记载的，命令全部加以罢除。

孝文帝平素喜欢读书，常是手不释卷。《五经》的含义，一看便能讲解。学习不需求师，就能探求其精深和玄奥，对史传百家的典籍，无不广泛涉及。喜欢谈论老子和庄子之学，尤其是精通佛教。富有文才和章藻，好写文章，诗赋铭颂，即兴而作。如有好的感想，立即口授，等到文章作成时，不改一个字。太和十年以后的诏书简册，都是孝文帝亲自书写而成。其它的文章，还有一百多篇。

孝文帝喜欢奇人异士，其情如饥似渴。以才能的大小来接待和招纳朝廷中的贤人。常寄托自己朴素的愿望，悠然自得，不因事务众多而缠心。在小的时候，孝文帝长于射箭，有体力，十多岁时，就能用手指弹碎羊的肩胛骨，射猎禽兽，无不箭到而死。到十五岁的时候，就不再杀生，射猎之事也就停止了。孝文帝生性喜欢俭朴，常穿洗濯的衣服，马鞍只是用普通的铁木制成而已。孝文帝的闲情雅志，都是这类的事情。

御　人

孝文帝观尚立嗣

（宣武）帝幼有大度，喜怒不形于色，雅性俭素。初，孝文①欲观诸子志尚，大陈宝物，任其所取。京兆王愉等皆竞取珍玩，帝唯取骨如意②而已。孝文大奇之。及庶人恂③失德，孝文谓彭城王勰曰："吾固疑此儿有非常志相，今果然矣。"乃见立为储贰④。

（《北史·宣武帝纪》）

【注释】

①孝文：即北魏帝拓跋宏（元宏）的庙号，公元471—499年在位。在位间曾进行了政治、经济、文化和风化等方面一系列的改革，加速了鲜卑汉化和中原与北方少数民族融合的过程。②骨如意：器物名。用骨（或玉、竹）制成，头作灵芝或云叶状，柄微曲。供指划或赏玩之用。③恂：即拓跋恂，为孝文贞

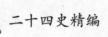

皇后林氏生。林氏因容貌美丽，得幸于孝文，恂因此被立为太子，后来皇后死，太子恂因罪赐死，林氏由贞皇后被废为庶人，故文中言"庶人恂"。④储贰：太子。

【译文】

宣武帝自幼就有大的度量，喜怒哀乐不形之于色，向来是性情雅致俭朴。当初，孝文帝元宏想观察诸子的志向和爱好，陈列许多宝物任他们拿取。京兆王元愉等人都竞相抢取珍宝玩物，而宣武帝只拿骨如意而已。孝文帝对此非常惊奇。等到庶人拓跋恂丧失德义，孝文帝对彭城王元勰说："我本来就认为这个孩子有志向不同一般，今天看确实是这样啊!"于是元恪被立为皇太子。

法 制

于仲文断案神明

（于）仲文字次强，少聪敏，……后就博士李详受《周礼》、《三礼》①，略通大义。及长，倜傥有大志，气调英拔。

起家为……安固太守。有任、杜两家各失牛，后得一牛，两家俱认，州郡久不决。益州②长史韩伯峻曰："于安固少年聪察，可令决之。"仲文曰："此易解耳。"乃令二家各驱牛群至，乃放所认者，牛遂向任氏群中。又使人微伤其牛，任氏嗟惋，杜氏自若。仲文遂诃诘杜氏，服罪而去。始州刺史屈突尚，宇文护③之党也，先坐事下狱，无敢绳者。仲文至郡，穷之，遂竟其狱。蜀中语曰："明断无双有于公，不避强御有次武。"

（《北史·于仲文传》）

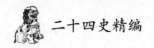

【注释】

①"后就"句：《周易》，本称《易》，儒家称之为《易经》。是古代用蓍草卜卦以断吉凶的书，含有一定的哲学思想。《三礼》，即《周礼》、《仪礼》、《礼记》。②益州：州名，治所在今四川成都。③宇文护：北周权臣，生年不详，卒于公元572年。鲜卑族。执北周大权期间，专断国政，后被人杀。

【译文】

于仲文，字次武，自幼聪明、繁捷，……后来跟随博士李详学习《周易》、《三礼》，基本上通晓大义。成人后，卓越豪迈，胸存大志，气质和调，英雄盖世。

离开家开始为……安固太守。有任、杜两家各丢失一头牛，后来找到一头，两家都认领，州郡很长时间也没能解决。益州长史韩伯峻说："于仲文少年时就聪于判察，可以让他来解决这个问题。"于仲文说："这个问题容易解决。"于是，就命二家各赶驱自家的牛群来，把两家都认领的那头牛放出去，那头牛便向任氏的牛群中走去。又让人对牛造成微小的伤害，任氏看到后嗟叹而惋惜，可杜氏如同没发生什么事似的。于仲文就训斥了杜氏，将他治罪后放他回去。始州刺史屈突尚是宇文护的党羽，已经犯罪而判他入狱，而没有人敢将他绳之以法。于

仲文到达始州后，就追究了这一案件，于是就将屈突尚逮进监狱。当时，蜀中有俗语说："明断无双有于功，不避强御有次武。"

宋世景整肃吏治

（宋世景）后为伏波将军，行①荥阳太守。郑氏豪横，号为难制。济州②刺史郑尚弟远庆，先为苑陵令，多所受纳，百姓患之。而世景下车，召而诫之。远庆行意自若，世景绳之以法。远庆惧，弃官亡走。于是，属县畏威，莫不改肃。终日坐于厅事③，未尝休息。人间之事，巨细必知，发奸擿伏④，有若神明。尝有一吏，休满还郡，食人鸡豚。又有一干⑤，受人一帽，又食二鸡。世景叱而告之，吏、干叩头伏罪。于是上下震悚，莫敢犯禁。

（《北史·宋世景传》）

【注释】

①行：兼代官职。大官兼管小官的事，称行。②济州：州名，治所在碜坤城（今山东茌平西南）。③厅事：即"听事"，厅堂。④擿（tì）伏：揭发隐私的事。⑤干：办事人员。

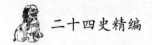

【译文】

宋世景后来任伏波将军，兼代荥阳太守。郑氏强横，自号"难制"。济州刺史郑尚的弟弟郑远庆，以前任苑陵令时，收受了的贿赂很多，老百姓们都厌恶他。宋世景下车，召见并告诫他。郑远庆仍然是自以为是，行动自若，宋世景依法律来惩罚他。郑远庆害怕，于是弃官逃走。从此，他所属的县官吏们都敬畏他的威望，从事都很严肃。宋世景整天坐在厅堂里，从未休息过。凡是发生的事情，不论大小，他都肯定知道，揭发奸人隐秘的事，好像神仙似的明了。曾经有一个小吏，任职期满后返回荥阳郡，吃了人的鸡肉。又有一个办事人员，收了别人的一顶帽子和吃了两只鸡。宋世景叱咤了二人并宣布罪状，这两人连连磕头服罪。从此，郡内的大小官吏都为之震惊，不敢违反禁令。

理　财

长孙毁宅

（长孙）道生廉约，身为三司①，而衣不华饰，食不兼味，一熊皮鄣泥②，数十年不易，时人比之晏婴③。第宅卑陋，出镇后，其子弟颇更修缮，起堂庑④。道生还，叹曰："昔霍去病以匈奴未灭，无用家为。今强寇尚游魂漠北，吾岂可安坐华美也！"乃切责子第，令毁其宅。

（《北史·长孙道生传》）

【注释】

①三司：一般指司徒、司马、司空，同宰相之职。文中的长孙氏身兼司空。②鄣泥：亦作"障泥"，因垫在马鞍下，垂于马背两旁以挡泥土，故有此名。③晏婴：春秋时齐国大夫，生年不详，卒于公元前500年。字仲平，夷维（今山东高密）

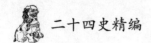

人，历齐灵公、庄公、景公三世卿，崇尚兼爱、非乐、节用、非厚葬久丧等，类多出墨子。④堂庑：堂下四周之屋。

【译文】

长孙道生廉洁而俭约，虽是三司显职，而所穿的衣服不饰以华美，食不二味，所用的一副熊皮马鞯，数十年不换，当时的人们把他比为晏婴。所住的房屋，低矮而简陋。有一次出征后，家里的人把房屋全部修缮了一番，并建起了堂庑。长孙道生回来后，感叹道："昔日霍去病认为匈奴没灭，无以为家。今天强大的敌人在北方边境游荡未平，我怎么能安心住这样华美的房子。"于是，就把子弟们狠狠地训斥了一顿，并命令他们把所建的房屋毁掉。

德 操

生女实胜生男

（西魏）文帝①文皇后乙弗氏，河南洛阳人也。……父瑗，仪同三司、兖州②刺史。母淮阳③长公主，孝文之第四女也。后美容仪，少言笑，年数岁，父母异之，指示诸亲曰："生女何妨也。若此者，实胜男。"年十六，文帝纳为妃。及帝即位，以大统元年④册为皇后。后性好节俭，蔬食故衣，珠玉罗绮绝于服玩，又仁恕不为嫉妒之心，帝益重之。

（《北史·文帝文皇后乙弗氏传》）

【注释】

①文帝：西魏帝元宝炬庙号。②兖州：地名，今山东兖州。③淮阳：郡名，今河南淮阳。④大统元年：即公元535年。大统，西魏文帝元宝炬的年号。

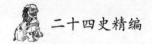

【译文】

　　西魏文帝文皇后乙弗氏，河南洛阳人。……她的父亲乙弗瑗，官至仪同三司、兖州刺史。她的母亲淮阳长公主，是北魏孝文帝的第四个女儿。文皇后容貌美丽，举止悠雅，极少言语和露出笑容，几岁时，父母都认为她非同寻常，指着她对亲戚们说："生女孩有什么不好，像这样的女孩，实在胜过男孩。"16岁时，被文帝纳为妃子。至文帝即帝位，在大统元年被册封为皇后。文皇后生性崇好节俭，吃粗食、穿旧衣，衣服和玩器中没有饰加任何的珠、玉与罗绮之类的珍宝；又仁慈而宽厚，没有嫉妒之心，文帝于是更加敬重她。

传世故事

奇才苏绰

苏绰字令绰，武功（陕西武功）人，出身世家大族。幼时聪明好学，博览群书。常与人争辩时政得失，颇得要旨，又擅长算术，能解还复杂的算术。人们很赏识他的才能。他哥哥苏让当汾州（山西汾阳）刺史，亦颇有政绩。西魏宇文泰很信任他。有一次，宇文泰问苏让："你们家中的子弟，谁有才干，可资任用？"苏让毫不犹豫地举荐了弟弟苏绰。宇文泰就任命苏绰为行台郎中。

苏绰为官几年，宇文泰不知道他有什么政绩。可是苏绰的同行们都称赞他有本事，遇到什么疑难棘手的事情都去找他商议，苏绰总能帮他们处理得很好，甚至颁发的公文的体例都是苏绰一手制订。一次宇文泰和仆射周慧达商议事情，慧达不能解决，于是请求出去找人商讨。周慧达把事情告诉了苏绰，苏绰马上拿主意，并分别处置。周慧达回去告诉了宇文泰。宇文

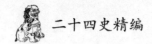

泰以为处理的公允适当，称羡不已。便问："谁给你出的主意？"周慧达回答说是苏绰，并称赞他有辅助君王的才能。宇文泰这才想起说："我很早就听说他了。"不久就任用苏绰为著作郎。

有一次，宇文泰与百官一起去昆明池观鱼，路过城西汉代的仓库遗址。他问左右侍臣有关这仓库的历史。大家面面相觑，宇文泰愠怒。有人说："苏绰博学多才，问问他，他肯定知道。"宇文泰召来苏绰询问，苏绰果然对答如流，宇文泰这才高兴起来。他又问苏绰万物演变的开始，历代兴盛衰亡的事迹，苏绰引经据典，回答得详略得当，有条有理，宇文泰愈加欣赏他。回宫后，把他留在府中，以便垂询国家的政事。宇文泰躺在床上，意态慵散。苏绰正襟危坐，向他详细陈述治国之要略。宇文泰惊其才能，连忙站起来，整理衣服，端正坐定，听得津津有味，直到公鸡报晓仍没有倦意。上朝后，宇文泰对周慧达说："苏绰真是当世奇才，我准备提拔任用他。"任命苏绰为行台左丞，参与决策国家机密大事。从此以后宇文泰对他的宠信与日俱增。苏绰管理财税颇有成效，他制订统一的计划规则，甚至用红笔记支出、用墨笔写收入的做法亦被历代续用，帐目非常清楚。宇文泰又升他大行台度支尚书兼司农职，总管国家财税收支及农业。

当时，宇文泰正准备改革时政，实行富国强民的政策，苏绰很称赞，并充分发挥了自己的才干。他裁减冗员，实行屯田制，用来供应军费开支。在他的主持下，颁布六条革新诏书：君主要清心寡欲、敦睦教化、充分开发地利、提拔贤良、谨慎用法、轻徭薄赋。宇文泰非常重视这六条诏书，常常把它放在身边，命令百官学习体味。又下诏不通晓这六条诏书的人不许做官。所以西魏当时国家强盛，人民富足，兵强马壮，屡次打败周边国家的入侵。这都是苏绰历年勤奋工作的结果。

苏绰朴素节俭，不刻意经营自己的产业，家里没什么财产，常常把动乱未能平息当作自己的责任。又广泛搜求贤良之士到京做官。宇文泰总是推心置腹地信任他。有时他远出巡视州县，常事先把签有自己名字的制书交给苏绰，授意他有什么需要处理的事，可以随机相宜处理，不必禀告。苏绰常常对宇文泰说："治理国家，应当像慈父那样怜爱别人，像严师那样教诲别人。"他每次与公卿商讨政务，总是通宵达旦，事情无论大小，他都亲自过问，力求尽善尽美。

西魏大统十二年（546），苏绰积劳成疾，瞌然长逝，年仅49岁。宇文泰甚为悲痛，对百官说："苏尚书平生清廉谦让，一心为国，是我们为人臣的榜样啊！"

（《北史·苏绰传》等）

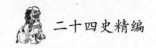

尔朱氏专权终受诛

尔朱荣字天宝，北魏秀容（山西忻定西北）人，他的祖先多为部落首长。他祖父尔朱羽健曾率领私兵，帮助孝文帝拓跋宏，拥有广大的草原牧场和奴隶。打过仗，功勋较多，因此受封北秀容方圆三百里的土地。到他父亲尔朱新时，更加豪富，所养牛羊驼马用颜色来区分，朝廷每有征讨战事，就捐献私马，供应粮草，因此很受孝文帝赏识重用，封为西河郡公。

尔朱荣面容洁白秀美，继承了祖上的财产功业，有部曲奴隶八千多户，骏马万匹。他干练果断，长大后，擅长骑射，常和部属演习战阵之法，号令严肃。尔朱荣心怀大志，暗中资财散众，召募兵勇，结纳豪杰，像高欢等人都归附他。当时北魏局势很不稳定，边界上的少数民族不断侵扰，杀人掠地，国内的暴动起义不断，令当时的皇帝烦恼。他多次自告奋勇，自带兵马粮草帮助朝廷剿灭叛乱，安定四夷，他成功地击败了少数民族柔然的进攻，平息了胡人的反叛。他被升官为镇北将军，封博陵郡公，威震四方。他向皇帝报告，他的堂弟尔朱世隆、侄子尔朱天光均立功，他们均被授予高官厚禄。

孝昌三年（527），孝明帝之母胡太后的幸臣郑俨等毒死孝明帝，尔朱荣与亲信大将元天穆、堂弟尔朱世隆、侄儿尔朱天光乘机举兵入洛，把胡太后和她的三岁的小儿子元钊沉入黄河，杀胡太后党羽时又杀了百官三千多人。拥立元子攸为帝，即孝庄帝。孝庄帝很器重尔朱荣，封他大将军、太原王，都督中外军事，北魏大权全落入尔朱荣的手中。尔朱荣权势显赫，朝中无人能比。

尔朱荣独揽大权，他的子弟们纷纷受到提拔重用。尔朱荣的女儿先是孝明帝的贵嫔，她骄横专权，淫乱无比。孝庄帝即位后，她让父亲在朝廷中提议立她为皇后，孝庄帝犹豫不决，大臣祖莹想讨好尔朱氏，就极力赞美尔朱荣的女儿贤良，劝说皇上，皇上无奈就只好同意，尔朱荣高兴万分。从此内有尔朱皇后，外有尔朱荣，二人相勾结，同党布满朝野。

尔朱荣的儿子菩提才十四岁，就位居太常卿，开府仪同三司，他的弟弟义罗是武卫将军、梁郡王，义罗的弟弟文殊九岁就被封平昌郡王，文殊的弟弟文畅开始封昌乐郡公。当时尔朱荣率军东征西讨，大破韩拔陵、葛荣、邢杲等人领导的农民起义，他被封为柱国大将军、天柱大将军，文畅随之晋爵为王，文畅弟弟文略在义罗死后，封梁郡王爵位，都是仅次于皇室的爵位、封地、饷禄。这班子弟不学无术，平时倚权仗势，祸乱朝纲，欺压百姓，尤其是尔朱荣堂弟仲远奸诈无比，他擅刻印信，常按尔朱荣的旨意伪造公文，发号施令，或者请人为官，收取礼物，在孝庄帝时居然升任尚书左仆射，徐州刺史。尔朱

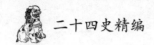

家族另外四个子弟尔朱世隆、尔朱度律、尔朱天光、尔朱兆等平时跟着尔朱荣行军打仗，屡立战功，所封官职更大，几乎都拥有兵权。

尔朱荣内外专权，宠用子弟，又不把皇帝群臣放在眼中，引起了皇帝的极度不满，大臣纷纷建议诛杀尔朱荣。皇帝担心尔朱荣耳目众多，犹豫不决。但是诛杀计划已泄漏，尔朱世隆当时任仆射，他怀疑要出意外，就写了一封匿名信，声称"天子想杀天柱将军"，可是尔朱荣丝毫不在意。

北魏永安三年（530），孝庄帝设谋在宫廷诱杀了尔朱荣、亲信元天穆，尔朱荣的儿子菩提也未能幸免。朝廷内外为之欣然欢呼。

（《北史·尔朱荣列传》）

高欢豢臣有术

北朝东魏时期，高欢、高澄父子一直操纵着实际军政大权，孝静帝实为傀儡。武定四年（546），高欢西征不能取胜，身患重病。十一月，他派自己的儿子太原公高洋镇守邺城，又命长子高澄至晋阳镇守。接着，他自称战功不胜，上表请求解除自己所督管的中外军事，东魏孝静皇帝优诏准许了他的请求。这时，与之为敌的西魏传说高欢被弩箭射中，高欢于是勉强起坐

接见当时的各路贵胄，他在会上让斛律金唱敕勒民歌，他自己则以歌应和，哀恸感伤地满面流泪。

高欢的大将侯景平时就轻视高欢长子高澄，曾经对司马子如说："大王（高欢）还在，所以我不敢有什么异心；如果大王去世了，我断不能与鲜卑小儿们共事。"司马子如忙用手掩住他的嘴巴。高欢生病之后，高澄代替高欢写信，召侯景前来。侯景以前曾与高欢有约，得到他的书信如背面有微点，就来；如书信的背面没有微点，侯景就不必来，侯景此时又听说高欢病重，便拥重兵围护自己而不肯前来。高欢就对高澄说："我虽然病重，但看得出来你面色忧虑，原因何在？"高澄没有回答，高欢又问道："难道是担心侯景叛乱吗？"高澄说："是的。"高欢便说："侯景在黄河之南专断统治了十四年，平时就想飞扬跋扈，怀有异志，全仗着我养有术，你怎么驾御得住他呢！现在天下未定，我死后你不要立即发表。鲜卑老公库狄干、敕勒老公斛律金这两个人都性情秉直，绝不会背叛你。然而朱浑道元、刘丰生这两个人都是从远地来投靠我的，必定不会有贰心。贺拨焉过儿朴实而无罪过；潘相乐原本是道人出身，心地和厚。你们兄弟应当借助他们的实力。韩轨年少憨直，应当对他加以宽容款曲。彭乐此人城府很深，难以猜度，应当慎加提防。稍微能够与侯景匹敌对峙的，只有慕容绍宗，我故意不重用他，留下来让给你，你应当对他用特殊待遇加以深信重

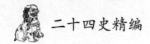
用，委以经略大任。"

武定五年（547）正月初一，天空日蚀，高欢说："日蚀是因为我而出现的吧？我死也无憾了。"几天后去世于晋阳。后来高澄果然遵其父之嘱，重用慕容绍宗，命他为东南道行台，加开府之衔，改封燕国公。慕容绍宗与大都督高岳在寒山擒获了南朝梁政权的贞阳侯萧明，然后回军到南北交争的涡阳（今安徽蒙城）讨伐侯景。那时侯景军势最盛，开始听说高澄派韩轨领军前来，轻蔑地说："只不过是个吭猪肠的小子罢了。"又听说高岳领军而来，说："兵马精良而将帅凡庸而已。"东魏的各路将帅他都没放在心里。后听说慕容绍宗来了，他连连叩着马鞍说："谁教鲜卑小儿派绍宗来的？这样的话，莫非高王（高欢）没死吗？"后在与侯景交战时，各路将军都频频败退，没有人敢为先锋，而慕容绍宗则挥兵直驱而进，诸将才跟随其后，终获大捷。侯景军溃败，只带八百人马南渡淮河，投奔南朝梁政权，后来又在南方发动兵变，攻下都城建康（今南京），史称"侯景之乱"。

（《北史·齐本纪》等）

刺舌为训

贺若敦，河南洛阳人。父亲贺若统是西魏著名将领，官至散骑常侍。贺若敦从小就跟从父亲，十七岁时，便显示出非凡的军事才能，时常为父亲出谋划策。他又冲锋陷阵，亲手杀敌七八人。年纪再长，更英勇善战，能手挽三石弓，箭不虚发。北周时，官至骠骑大将军，封爵为公。贺若敦不仅有军事才能，而且很有智谋。后来，因为多次立功却未得封赏，贺若敦便口出怨言，愤愤不平。晋王宇文护得知此情后，大为恼怒，逼令他自杀。临死之前，贺若敦十分懊悔，便把自己的儿子贺若弼叫到跟前，对他说：“我一直想要平定江南，看来这个愿望是无法实现了。你应当继承我的事业，完成我的遗愿。如今，我因为这舌头多事，所以招来杀身之祸，希望你千万要吸取这血的教训。”说完，他叫贺若弼伸出舌头，突然用尖利的锥子刺之，直至出血。贺若敦以此告诫儿子慎言，以免惹来灾祸。

贺若弼跟他父亲一样，从小就胸有大志，并且弓马娴熟，骁勇无比。他又知书通文，因而很有名气。贺若弼任寿州刺史时，辅佐韦孝宽攻打南陈，连拔数十城，他献计献策，立有很大功劳。杨坚任北周的丞相，贺若弼向杨坚献夺取陈朝的十策，深得杨坚赞赏，杨坚还特意赐给他一部宝刀。开皇九年（589），隋兵大举伐陈，贺若弼任行军总管，在南京蒋山（即紫金山）大败陈军主力，使陈朝从此失去了抵抗能力。贺若弼因灭陈朝时建有奇勋，被封为上柱国，进爵宋国公，官至右武侯大将军。

　　不幸的是，这样一位开国功臣，最后却遇上了荒淫无道的隋炀帝。隋大业三年（607），贺若弼跟从隋炀帝北巡。走到陕西榆林时，隋炀帝命令制作可容数千人的大帐，以会见和招待突厥可汗。贺若弼认为隋炀帝这样做过于奢侈了，与高颎等私下里议论此事。不想为人所告发，隋炀帝大怒，加以诽谤朝政的罪名，处死了贺若弼。

　　贺若敦因舌头惹祸，临死以锥刺其子贺若弼的舌头，希望儿子能够从中吸取深刻教训。未料到多年以后，贺若弼全然忘记了这血的教训，仍因为舌头而惹了祸，以至杀身，父子两人居然是同样的下场。隋炀帝远比当年的宇文护残酷，仅仅为了几句议论，他不仅杀了贺若弼，还将其妻子卖为官奴。其儿子贺怀亮此时已经出仕，也一起被诛杀，而且贺若弼的弟弟贺若谊也被株连罢了官。甚至连贺若弼的奴仆之类，隋炀帝也没有放过，将他们全都发配到边地充军。但是，贺若弼的口舌之祸并非为私，这一点与他的父亲有本质的不同。尽管如此，贺若弼仍然被诛身死，这不能不归罪于封建时代的专制制度和隋炀帝本人的独裁昏庸，贺若弼倒确实是并没有什么不对。

　　　　　　　　　　　　　　（《北史·贺若敦传》等）

人物春秋

开功建业　两朝受忌——杨素

　　杨素字处道，自幼胸怀磊落，志向远大，不拘小节。不为多数人所了解，唯有从祖杨宽惊异他的才能，常常对子孙们说："处道出类拔萃，是特殊人才。"杨素后来与安定的牛弘志同道合，两人酷爱学习，研讨经典精义，不断有所贯通和发挥。他善写文章，工于草书和隶书，十分留意于占侯之术。

　　北周大冢宰宇文护请他做中外记室，又转礼曹，加大都督衔。周武帝即位，亲理朝政，杨素因为他的父亲杨敷坚守节操，被齐军俘获，因而不被朝廷使用。他多次上表申请。周武帝十分恼怒，命令侍卫将他斩首。杨素又进言说："我侍奉无道的昏君，死是应该的。"武帝明白了他话中的含义，便赠杨敷为使持节、大将军和谯、广、复三州刺史，谥号忠壮。拜杨素为车骑大将军、仪同三司，他逐渐被重用。武帝常命他起草诏书，常常落笔一挥而就，文辞和内容都很精彩，武帝十分赞赏，对他说："好好的自相勉励，不要发愁得不到富贵。"杨素应接

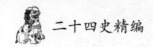

道："只恐怕富贵逼我，我却无心追求富贵呀！"

平定北齐的战役时，杨素请求率领部下作为先锋，武帝答应并赐给手杖一根，说："我正想大张旗鼓地驱赶齐军，所以把这件东西赐给你。"杨素跟随齐王宇文宪与齐军在河阴大战，因建立军功被封为清河县子，授予司城大夫，又与宇文宪一起攻克晋州，率军队驻扎在鸡楼原。北齐君主率大军迎战，宇文宪害怕，夜跑，被齐兵追赶，他的部下四散奔走。杨素与骁勇将领十余人奋力苦战，宇文宪仅幸免于难。北齐平定后，杨素被加授开府职衔，改封为成安县公。

不久，又跟随王轨打败南陈将领吴明彻于吕梁一带，奉命管理东楚州的政务。他的弟弟杨慎被封为义安侯。南陈将领樊毅在泗口修筑城池，杨素将陈兵赶走，摧毁了樊毅修筑的城堡。宣帝即位，杨素继承父亲杨敷的爵位为临贞县公，他的弟弟杨约为安城县公。

隋文帝杨坚任北周的丞相时，杨素与他交情很深，文帝很器重他，命他做汴州刺史。到了洛阳，恰逢尉迟迥叛乱，道路受阻，杨素无法东进。文帝拜杨素为大将军，率军进攻宇文胄。杨素将他击败，被调迁为徐州总管，位至柱国，被封为清河郡公，他的弟弟杨岳被封为临贞公。到了隋文帝即位，他被封为上柱国，官至御史大夫。他的妻子郑氏性情偏狭凶悍，杨素对她十分忿怒，说："我如果做了皇帝，你一定没资格做皇后。"郑氏将他的话报告给文帝，杨素被免职。

隋文帝正谋图取得江南。先是杨素多次进呈攻取南陈的建议，不久，文帝就授他为信州总管，派他讨陈。杨素驻扎在永安，建造大型战舰，取名叫"五牙"。船上建起五层楼，高一百多尺，左右前后竖起六根桅杆，加起来高一百五十尺，可容纳战士八百人，舰上遍扎旗帜。小一点的战舰叫"黄龙"，可乘士兵一百多人。其余"平乘"、"舴艋"等战船大小各有差别。等到大举讨伐南陈，朝廷命他为行军元帅，率领船队直趋三硖。隋军来到流头滩，南陈将领戚欣率青龙舰一百余艘屯兵守卫在狼尾滩，以阻止隋军的道路。这里地势险要，隋将十分忧虑。杨素说："胜负就在此一举。如果白天开船进攻，对方则能看清我们的行动。加之水流迅急，水手无法控制，我们就会失掉有利条件。"于是，隋军夜间发动了进攻。杨素亲自率领黄龙舰十艘，悄悄顺流而下；派开府王长袭从南岸袭击戚欣的别处营寨的栅栏；命大将军刘仁恩直趋白沙的北岸。天明到达，进攻陈军，戚欣失败。俘虏了许多陈军，安抚后全部释放。隋军秋毫不犯，深受陈人欢迎。杨素率领水军顺江东下，战舰船只覆盖了江面，军旗盔甲耀日蔽天。

南陈的南康内史吕仲肃领军驻扎在岐亭，把守着江峡，在江北岸的山崖上固定三条铁锁链，拦江横截在上游，用来阻挡敌军的战船。杨素与刘仁恩登上江岸一起进发，先进攻陈军的栅栏，吕仲肃的军队夜间溃败，杨素除掉铁锁链。吕仲肃又据守荆州辖下的延洲，杨素派遣巴蜒兵卒数千人，乘坐五牙舰四艘，依靠舰上的樯竿捣碎敌军的十多艘战舰，将陈军打得大败，吕仲肃仅保全性命。南陈后主派信州刺史顾觉镇守安蜀城，荆州刺史陈纪镇守公安，都因惧怕隋军而逃之夭夭。巴陵以东再没有人敢于坚守。湘州刺史、岳阳王陈叔慎请求投降。杨素来到汉口，与秦孝王会合后才返师。被授予荆州总管，进爵为郢国公，杨素对隋文帝说："有地名叫胜母，曾子都不进入。叛逆王谊过去封在郢地，我不愿与他封在同一个地方。"于是，改封为越国公。不久，又授予纳言，转为内史令职。

时隔不久，江南人李棱叛乱，朝廷命杨素为行军总管去讨伐。文帝命平定叛乱以后，将男子全部杀掉，妇女都赏给士兵，在战场上侥幸活下来的罚做苦役。叛逆朱莫问自称为南徐州刺史，用重兵把守京口。杨素率水师从杨子津进击，击败朱莫问。晋陵顾世兴自称为太守，与他的都督鲍迁等人前来抗拒，杨素将他们攻破，抓住了鲍迁，俘虏贼兵三千多人。他进击无锡的贼帅叶皓，又将他们平定。吴郡的沈玄侩、沈杰等率兵围困苏州，刺史皇甫绩屡战失利。杨素率军救援。沈玄侩形势窘迫，逃走去投奔南沙的贼帅陆孟孙。杨素在松江向陆孟孙的部队发动进攻，将他打得大败，擒获了陆孟孙、沈玄侩。黝、歙一带的贼帅沈雪、沈能据守栅栏以自我保固，也被攻下。

江浙的高智慧自号为东扬州刺史，吴州总管、五原公元契镇守会稽，因为惧怕高智慧的兵力强盛而向他投降。高智慧将元契的部下全部杀死，元契自杀。高智慧有一千多艘舰船占据要害，军队十分强劲。杨素领军向他进攻，从清晨到下午申时，经过艰苦战斗，打败了贼兵。高智慧逃往海上。杨素追赶他，从余姚渡海直趋永嘉。高智慧抵抗，杨素又将他击败逃走。贼帅汪文进自称为天子，占据东阳，任命他的同党蔡道人为司空，驻守乐安。杨素领兵予以平定。又攻破永嘉贼首沈孝彻，隋军从这里步行向天台进发，直指临海郡，逐一捕获漏网的贼兵，前后打了一百多仗，高智慧逃往闽越坚守。文帝因杨素长时间在外征战，所以下诏派人骑快马传令命他还朝，给他的儿子玄感加上开府衔，赐给绸缎八千段。杨素因余寇没有扫除，恐怕成为后患，又请求出发。朝廷下诏命他为元帅，他又率军来到会稽。

开初，泉州人王国庆是南安一带的豪门大族，杀死了刺史刘弘，占据州城发动叛乱。他认为海上艰难险阻，北方人不能习惯，所以不设任何防备。杨素率军渡海，突然前来，王国庆忙弃城逃走。杨素分别派遣各路将领，从水上和陆地分头追击。此时，南海原有五六百户人家，居住在水上成为亡命之徒，号称为游艇子，高智慧、王国庆想去投靠他们。杨素便秘密派人劝说王国庆，让他杀死高智慧以立功，王国庆在泉州杀死高智慧，其他余党全部投降，江南于是平定。文帝派左领军将军独孤陀到浚仪迎接慰劳杨素。他回到京城，慰问者天天不断。

杨素代替苏威为尚书右仆射，与高颎一起掌管朝政。杨素性情疏懒而又好计较，朝臣之间，他只推崇高颎，敬重牛弘，厚待薛道衡；看苏威好像不存在一样。其他朝臣，大多受他轻慢排斥。他的才情风度超过高颎；至于诚心休国，待人接物的公平恰当，宰相应具有的识见气度，与高颎相去甚远。

　　不久，文帝令杨素监造仁寿宫，杨素便平山填谷，督责工役严厉苛刻，工役们死了很多，等到仁寿宫建成，文帝命高颎前去视察，高颎奏称宫殿过于绮丽豪华，损伤人丁太多，文帝不悦。杨素害怕，便在皇宫北门启奏独孤皇后说："帝王按法规定应该有离宫别馆，现在天下太平，建造一座宫殿怎么能算浪费？"皇后将这个道理告诉文帝，文帝的情绪才缓和下来。

　　开皇十八年（599），突厥达头可汗进犯边塞，文帝命杨素为灵州道行军总管，率兵讨伐，原来的边疆守将与突厥打仗，因为担心他们的骑兵来回冲突，因而将战车、步兵、骑兵互相交错配合，用鹿角布置成方阵，骑兵屯扎在其中。杨素说："这是自我束缚。"于是，他将旧的战法全部抛弃，命令全军变为骑兵的阵势。达头听后十分高兴，认为是天赐的良机，下马对天祝拜，然后率领数十万精锐骑兵杀来。杨素挥军奋击，达头受重伤逃跑，敌人四散而去。

　　杨素精于权谋韬略，利用机会进攻敌人，战术变幻不断，然而，总体上，治军严肃整齐，有违犯军令的，立即斩首，毫不宽贷。每次将要与敌人开战，往往寻找将士过失将他们处死，多的处死一百余人，少的也不下数十人，他面前流满了鲜血，却谈笑自若。等到与敌人开战，先命一二百人进攻敌人，如能攻破敌阵就算了；如不能攻破而失败回来，不管剩下多少人，全部斩首；再命二百人进攻，方法同前面一样。将士们个个心惊肉跳，下定了必死的决心，所以战无不胜，杨素受到文帝的宠爱，他说的话文帝没有不听从的，与他一起作战的将士，就

是立有很小的功劳也会被记录奖赏。杨素虽然严酷残忍，将士们也愿意跟从他。

开皇二十年（601），晋王杨广为灵、朔道的行军元帅，杨素为长史，晋王屈尊与他交往。

仁寿初年，他代替高颎为尚书左仆射，这年，又命杨素为行军元帅，进击突厥，连续击败敌军。突厥逃走，他追到夜里赶上了他们，恐怕他们逃跑，便令其他骑兵走在后面，自己亲率两名骑兵和两名投降的突厥人，悄悄地与敌兵一起行走，对方没有丝毫知觉。等到他们驻扎时还没稳定下来，他指挥后面的骑兵突然掩杀过来，将敌人打得大败。从此，突厥人远遁而去，沙漠以南再也没有他们踪迹。因立战功将他的儿子杨玄感进位为柱国，玄纵为淮南郡公，赏赐物品二万件。

献皇后驾崩，丧葬制度多出于杨素之手。文帝很是赞赏他，下诏说："君主如脑，大臣好比股与肱。共同治理百姓，职责一体。上柱国、尚书左仆射、仁寿宫大监、越国公杨素，志向气度，恢弘宽阔，对事物变化的洞鉴透彻远大，胸怀辅助时事的韬略，包涵治理国家的才干。我朝王业初开，称霸天下的宏图刚刚奠基，他一出仕就被委以重任。受命出师，擒获和消灭凶恶的贼首，平定了虢和郑。多次秉承朝廷制定的谋略，指挥大军纵横江南；常常接受朝廷颁布的军令，率军长驱于北疆要塞。大军向南，吴越之地便被肃清；王师北临，匈奴族的军队就被摧垮折服。位居尚书省长官，参与军国大事的计谋筹划，在朝廷端正严肃，不谄不骄；说话直抒胸臆，不带隐瞒。谈文学则词气纵横，论武功则谋深虑远，既能文，又能武，对朕唯命是从。凡委以职责，从早到晚都不懈怠。献皇后气息奄绝，驾离六宫，远别日月，融入白云。坟茔的选择，灵柩的厝置，都委托杨素来料理。杨素对朝廷义重，为国家情深，想使生者和死者都安康泰然，永远无穷。他认为阐释阴阳的书虽然都是圣人所作，但体察其中祸福的道理，尤其须慎。便踏遍山川原野，亲自占卜选择，为了寻求大吉，孜孜不倦，奔波不停。终于在京城附近找到一块福地，用以营建陵墓。论起杨素的这种心情，对朝廷实在至诚至孝。他平定贼寇，建立丰功伟业，如不给予奖赏，怎么能申张劝勉奖励功臣的风气！可再封他的一个儿子为义康郡公，食邑一万户，子子孙孙继承不断，其余赏赐仍按旧章。"

此时，杨素受文帝宠爱越来越重，他的兄弟杨约、从父杨文思、兄弟杨纪以及族父杨异都被封为尚书、列卿。所有的儿子没有任何汗马功劳，都位至柱国、刺史。家里僮仆数千人，后宅的妻妾歌妓，穿着华丽的绸衣的数以千计。府第豪华奢侈，形制有如皇宫。有个叫鲍亨的善于写文章，一个叫殷胄的工于草书和隶书，都是江南的读书人，因为受高智慧牵连沦为奴仆。杨素的亲友故旧，都地位显要。他权势的兴盛，近古以来从未听闻，炀帝杨广初为太子时，猜忌蜀王杨秀，便与杨素密谋，构陷他的罪状，后来竟被废黜。朝臣有违逆他的，杨素暗中中伤他们。如果有人趋附他和他的亲友，虽然没有才干，也给以提拔。人们无不因畏惧而依附他。只有兵部尚书柳述，凭借他

是文帝女婿的特殊地位，多次在文帝面前抨击杨素；大理卿梁
毗上表说杨素作威作福。文帝渐渐疏远并忌讳杨素，后来诏谕
说："仆射，是国家的辅政大臣，不可以亲自处理细小的事务。
只需三五天到尚书省议论一下大事就行了。"表面表示优崇，
实际是在削弱他的权力。到仁寿末年，不再让他全面负责尚书
省的事。文帝赐王公以下的大臣射箭，杨素的射术为第一，文
帝亲手将外国贡献的价值数万的金精盘赏赐给他。

　　文帝身体不好，杨素与兵部尚书柳述、黄门侍郎元岩等入
宫侍奉他的疾病。此时，皇太子杨广入宫居住在大宝殿，担心
文帝不测，必须早作防备，便亲手写信，封上送给杨素。杨素
便将文帝的情况记录下来，报与太子，宫人将他的信悄悄送给
文帝，文帝看后恼怒，文帝宠爱的陈贵人也说太子对他轻狂无
礼。文帝发怒，想要召回被废为庶人的长子杨勇。太子与杨素
谋划，杨素假借文帝的诏命，让东宫的兵士来宫中守卫，宫门
禁止出入，让宇文述、郭衍来指挥。文帝当天驾崩，因此颇引
起不同的议论。

　　恰逢汉王杨谅反叛，派茹茹天保向东进至蒲州，烧断黄河
上的桥；又派王𦈕子率军与天保合力坚守。杨素率轻骑五千人
袭击，埋伏于渭水渡口，乘夜渡过，天明发动进攻，天保兵败，
王𦈕子惧怕，献城投降。炀帝下诏将他征还。杨素起初将要出
发时，计划着破贼的日子，实际发展都和他估计的一样，炀帝
于是命杨素为并州道行军总管、河北道安抚大使，去讨伐杨谅。

当时，晋、绛、吕三州州城都被杨谅把守，杨素每地各用二千人吸引他们。杨谅派赵子开率军十余万，修筑险绝的道路，屯据在高壁，布下五十里大阵。杨素命诸将领兵逼近敌营，自己用奇兵，急速前进，直捣杨谅的大营，一举将其攻破。杨谅任命的介州刺史梁修罗驻扎在介休，他一听说杨素率军到来，就弃城逃走。杨素领兵进至清源，离并州三十里，杨谅率他的将领王世宗、赵子开、萧摩诃等迎战，又被打破，俘获了萧摩诃，杨谅退守并州，杨素进兵将并州包围，杨谅投降，他的余党全被平息。炀帝派杨素的兄弟修武公杨约拿着他亲手写的诏书慰劳杨素，杨素上表感谢。

大业元年（605），他升为尚书令，朝廷赏赐给东京的住宅一处、布帛二千段。不久，又被授予太子太师，其他官职如同以往。朝廷前后给他的赏赐无法计算。第二年，又被授予司徒，改封为楚公，这一年因病去世，谥号景武，赠为光禄大夫、太尉公和弘农、河东、绛郡、临汾、文城、河内、汲郡、长平、上党、西河十郡太守；送给辒辌丧车一部、手执木刻班剑的仪杖三十人、前后手执羽葆的仪杖和吹鼓手、谷和麦五千石、布帛五千段，鸿胪寺负责料理丧事。炀帝又下诏为他立碑，以表彰他的丰功伟业。杨素曾将一首长达七百字的五言诗赠给番州刺史薛道衡，词意新颖警拔，风格秀雅超群，成为一时难得的佳作。诗写成不久，就去世了。薛道衡叹息说："人之将死，其言也善，果然是这样啊！"

杨素虽有扶立炀帝的谋略和平定杨谅叛乱的功劳，然而却特别被炀帝所猜忌。炀帝对他表面礼遇优隆，实际上情义甚薄。太史说楚地将有大丧，炀帝因而将他改封到楚。他卧病在床的时候，炀帝每次都令名医去诊治，赐给上等好药，然而却私下唯恐杨素不死。杨素也知道自己的名位已达到颠峰，所以不肯用药，也不慎重调养。常常对兄弟杨约说："我难道还须再活下去吗？"

杨素贪图财货，大肆营求产业，东西两京的住宅宏丽奢华，往往早晨建好，晚上又拆掉重造，营建修理没有停止的时候。四方都会繁盛之地，都有他家的旅店、磨房、田园、住宅，其数量以千百计。当时舆论都因此而鄙视他。

乱世枭雄——李密

李密字法主，文武兼备，志向高远，李密收养宾客，接纳贤士，毫不吝惜钱财，与杨玄感结有生死之交。后来，又强自克制，沉湎于学习之中，尤好读兵书，口中不停朗诵。大业初年，他被朝廷授予亲卫大都督，因为身体有病，回家休养。

杨玄感密谋叛乱时，曾请李密，召请他与自己的弟弟杨玄挺同去黎阳，共同计议。李密提出三种计策，说："现在天子远在辽东领兵攻打高丽，您率兵长驱直入，攻下蓟州，直扼隋军咽喉。前面有高丽，后面的退路被断绝，不战就可擒获炀帝，这是上计。关中四面高山阻隔，驻守在那里的卫文升不值介意。

现在率领人马早日西进入关，可保万无一失，这是中计。如果先就近攻打东都洛阳，因而又延误了时间，这是下策。"杨玄感却说："您的下计实则是上计呀。现在满朝官员的家属都住在东都，如果不早日攻取，怎么能动摇他们呢？况且经过的城池而不攻下，怎么能显示我们的威力？"李密的意见未被采纳。杨玄感率军攻打东都，认为很快就可成功。他获取的韦福嗣，出的主意往往模棱两可。杨玄感让韦福嗣写讨伐隋炀帝的檄文，他不肯起草。李密了解到情况，请求将他斩首，杨玄感又不答应。李密回来对所亲近的人说："杨玄感造反而又不想取胜，我们将要成为俘虏了。"后来，杨玄感准备西入关中，韦福嗣却逃归东都。当时，李雄劝杨玄感赶快立号称帝，杨玄感征求李密的意见，李密认为不能这样。杨玄感未采纳称帝的建议。宇文述、来护等率隋军将要赶到，杨玄感问李密下一步的计策，李密说："元弘嗣统领强大的军队驻扎在陕西陇山之右，现在可以制造舆论，说他要谋反，派使者来迎接您，借此入关，可以笼络将士。"杨玄感便根据李密的计谋号令全军。向西进入陕县久攻弘农不下。又西入阌乡，隋军追来，杨玄感失败。

李密偷入关中，与杨玄感的叔父杨询一起，藏在冯翊杨询妻子的娘家。不久被告发，与他的同伙一起被送到隋炀帝那里。押送途中，李密与其他人密谋逃跑。他们这些人身上带着许多金钱，李密让拿出来给押送的人看，并说："我们都在等着死日的到来，这些金钱送给你，希望用来埋葬我们，剩余的作为报答。"押送的人贪图金钱，便满口答应。等到出了潼关，李密每夜都设宴饮酒。走到邯郸，晚上住在一个村庄中，李密等七人翻墙逃跑，他与王仲伯一起逃到平原盗贼首领郝孝德那里，但不受欢迎。他们备受饥饿，只好剥树皮充饥。王仲伯潜逃到天水。李密来到淮阳，住在乡村中，改变姓名叫刘智远，收几个学生教他们读书。经过数月，郁郁不得志，写下一首五言诗，诗写好后，热泪数行。有人感到奇怪，报告给太守，太守下令让县里去逮捕他。李密赶忙逃到他的妹夫雍丘县令丘君明那里，丘君明的侄子丘怀义后来又告发了他，他逃跑了，丘君明却坐罪被处死。

李密接着投奔东郡义军领袖翟让，通过王伯当向翟让出谋划策。派人游说小股义军，被劝说的人都归顺了翟让，翟让于是对他开始看重，同自己一起讨论重大问题。李密看到人马众多而缺少粮草，便劝翟让攻打荥阳，让军队休息，积蓄粮秣，然后与隋军争夺天下。翟让听从建议，便攻下荥阳。太守郇王庆和通守张须陀带兵讨伐翟让，翟让几次被张须陀打败，准备向别处逃跑。李密劝翟让摆开阵势等待敌兵，他亲率一支队伍袭击隋军，把敌人打得大败，在阵前斩杀了张须陀。翟让于是命李密树起军旗，另外统帅一支部队。李密又劝说翟让把夺取天下当成第一要事，攻取兴洛仓，发放粮食以救济贫苦百姓。于是，他同翟让于义宁元年（617）春从阳城出发，向北越过方山，从罗口进攻兴洛仓，一举拿下，打开粮仓，赈济百姓。越王杨侗派武贲郎将刘长恭进讨李密。李密一举将其击败，刘长恭侥幸逃脱。翟让于是推举李密为义军领袖。李密在洛口建立一座周长四十里的城堡以便驻守。翟让为李密送上魏公的称号，并建立坛场请他即位，称为元年。李密命房彦藻为左长史，邴元真为右长史，杨德方为左司马，郑德韬为右司马。拜翟让为司徒，封为东郡公。长白山义军孟让攻打东都，焚烧丰都市归来。李密又攻下巩县，俘获县令柴孝和，授给他护军的官职。隋将武贲郎将裴仁基献出武牢关归顺李密，李密便派裴仁基与孟让打破了回洛仓，并占据了它。不久，郑德韬、杨德方战死，李密又命郑颋为左司马，郑虔象为右司马。

柴孝和劝说李密：让裴仁基守护回洛仓，翟让占据洛口仓，您亲自率领精锐部队，向西攻打长安。否则，别人会抢在我们前面。李密说："这确实是上等的计策，只是我的部属都是山东人，看见未攻下洛阳，恐怕不肯西进。"柴孝和请求让他到西面了解情况，李密让他带领十个骑兵到陕县，竟收到一万多归附之人。李密的军队当时锋芒正锐，经常在东都洛阳附近与官军作战。正好李密被流箭射中，躺在军营中休息，东都的官兵出来袭击，他的部队溃乱，放弃回洛仓回到洛口。柴孝和的部队听说李密兵败，各自离去，柴孝和骑马归来。隋炀帝派王世充率江淮劲旅五万人讨伐李密，李密兵败，柴孝和在洛口淹死。

王世充驻扎在洛口西，与李密的军队相持一百多天。武阳郡丞元宝藏、黎阳贼兵首领李文相、洹水贼兵首领张升、清河贼兵首领赵君德、平原贼兵首领郝孝德相继投奔李密，一起攻破黎阳仓。隋将周法明将长江与这黄河之间的土地献给李密表示归顺。齐郡的贼兵首领徐圆朗、任城的豪杰徐师仁、淮阳太守赵他等人也都先后归附，人数加起来上万。

翟让的部将王儒信劝翟让统领所有的事务以夺回李密的权力。翟让的哥哥翟宽也对翟让说："天子只可以自己去做，怎么能让给别人？你如果不愿意，我可以当皇帝。"李密知道后，十分厌恶。恰巧翟让与王世充对阵，军队后退了几百步，李密与单雄信等率兵增援，王世充败退。翟让想乘胜攻破隋军大营，李密看天色已晚便阻止了他。第二天，翟让带数百人到李密的住所，李密想为他设宴庆贺。他带领的将士都被分散到各处吃饭，所有的门口也都派人警备，翟让没有觉察。李密领翟让入坐，让翟让射箭，翟让拉满弓将要引发，李密派壮士蔡建从后面将他斩杀。又杀害了他的哥哥翟宽和王儒信等人，跟随他来的人尽被杀害。翟让的部将徐世勣被乱兵砍伤，李密阻止，才免于一死。单雄信等人都叩头哀求，李密都予以释放并慰问他们。于是他来到翟让的大营，解释为什么要杀翟让，派徐世勣、单雄信、王伯当分别统领翟让的军队。

王世充利用晚上攻打仓城，李密坚守，将敌人打败。王世充又在洛北建立营垒，在洛水上架设浮桥，率全部人马攻打李密。李密与隋军抗拒，因失利退却。王世充因而得以进至义军的城下，李密率军袭击，隋军溃败，争渡浮桥，桥塌陷，落水者极多。武贲郎将杨威、王辨、霍世举、刘长恭、梁德重、董智通等人阵亡。王世充幸免于一死，逃向河阳。是夜天降大雪，剩余的士卒死亡殆尽。李密便整修金墉的故城驻守，率众十余万，攻打东都洛阳的上春门。东都留守韦津带兵出战，被抓获。部将劝李密称帝，李密不同意。李世民、李建成率领的义师围攻东都洛阳时，李密派军队与义师争夺，又互相安抚，然后撤退。

不久，宇文化及杀死隋炀帝，自江都向北攻打黎阳，李密率军抵御。这时，越王杨侗称帝，派使者授予李密太尉、尚书令、东南道大行台、行军元帅、魏国公，命他先平定宇文化及，然后到朝廷辅政。宇文化及率军到黎阳，徐世勣坚守仓城，宇文化及久攻不下。李密与宇文化及隔着河水对话，李密数落他说："你本是匈奴族的奴隶中破野头这一支的人，父亲与兄弟都受隋朝的恩德，怎么能恣意杀戮？现在如果速来归顺，还可保全你的后代。"宇文化及默然不语，思忖许久，便瞪着眼睛大声说："我和你讨论攻战杀伐的事，何必说些书本上文绉绉的话！"李密对随从的人说："宇文化及如此庸俗浅薄，忽然想谋取帝王的宝座，我当拿根棍子将他赶跑。"李密知道他的粮食将要吃完，便假装跟他讲和。宇文化及十分高兴，让士兵放开量大吃，希望李密能送给他粮食。而李密部下有人犯罪，逃到宇文化及那里，将李密的真实意图说出。宇文化及大怒，但粮食已完，便与李密在童山下展开大战。从早晨直打到天黑，李密被流矢射中，驻在汲县。宇文化及攻掠汲郡，向北直趋魏县。宇文化及原家将辎重放在东郡，派他的刑部尚书王轨守卫。

王轨献出东郡，向李密投降，李密命王轨为滑州的总管。

李密率兵向西挺进，派记室参军李俭到东都朝拜越王杨侗，献上杀死隋炀帝的凶手于弘达。杨侗任李俭为司农少卿，并派李俭召李密入朝。李密行至温县，听说王世充已杀死元文都、卢楚等人，便回到金墉城。

王世充专权以后，重赏将士。此时，李密的军队缺衣，而王世充的部队没有粮食吃，就请求同李密交易。李密的部下邴元真等人贪求私利，劝李密同意。李密答应了。原先东都绝粮，向李密投降的人每天有几百人。这时有了粮食吃，投降的人越来越少。李密后悔。李密虽然占有粮食，却没有府库，将士多次战斗而得不到赏赐。对于新投降来的人，待遇却特别优厚。因而，大家心生怨忿。当时，邴元真把守洛口仓，性情贪婪卑鄙。宇文温常对李密说："不杀邴元真，您的祸害会很大。"李密听后并不答话。邴元真听说后，阴谋叛变。李密知道后才开始怀疑邴元真。

王世充率全队前来寻战，李密留王伯当守护金墉城，自己率军抵达偃师，向北凭借邙山扎下营寨，等待王世充的军队。王世充命数百名骑兵渡过御河，李密派裴行俨等人迎战。适逢天黑，裴行俨、孙长乐、程颐金等骁将十多人都受了重伤，李密心情恶劣。王世充乘夜偷渡，天明已摆好阵势，李密才发觉。他匆忙接仗，被打败，逃向洛口。王世充又连夜包围偃师，偃师守将郑颋被他的部下说动，献城投降了王世充。李密即将进入洛口仓城，邴元真已派人与王世充勾结。李密暗中知道后，故意密而不发，想等王世充的军队一半渡过洛水，然后乘其立脚未稳再发起进攻。李密派去探马却没有弄清情况。等到将要出战时，王世充的军队已全部渡过洛水。李密骑马逃跑，邴元真献城投降。

李密的军队渐渐离散，他将要到达黎阳，有人说："杀翟让的时候，徐世勣也几乎被杀。现在他的刀伤还未痊愈，他的心难道可以保证不反叛吗？"李密便不再去黎阳。这时，王伯当放弃金墉城，退保河阳，李密便去投奔他。李密对众人说："长时间劳苦大家，我今天自尽以向诸位谢罪。"大家都俯首哭泣，不能仰视。李密又说："幸得各位不嫌弃我，我们应一起投奔关中唐军，我虽然没有为唐军建立功勋，但各位一定能得到富贵。"他的魏公府属员柳燮说："您与长安的皇室李氏宗族，过去有着相同的经历。虽然没有和他们一道起义，然而，阻隔东都洛阳的隋军不能西顾，断绝了隋朝的退路，使唐国不怎么费力作战就夺取了隋朝的京师，这便是您的功劳啊！"众人都说："是这样！"李密便归顺唐朝，被封为邢国公，授给光禄卿的官职。不久，叛唐逃跑，被杀害。

隋

书

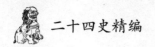
《隋书》概论

　　《隋书》八十五卷，其中本纪五卷，唐初魏征主修，众多史臣参加修撰，记隋代三十七年的史事。《隋书》是唐初所修八史中最杰出的一部，它最能体现和反映以唐太宗为首的贞观君臣的史学观点和这一时代的史学特色，历来受到学者的重视。

一

　　魏征，字玄成，巨鹿下曲阳人，是贞观时期一位有作为的地主阶级政治家，对于贞观时期的一些稳定地主阶级统治和繁荣经济的措施，多所建树，他以"谏诤"的方式，前后共提出二百多项建议，大部分被唐太宗所接受。谏诤的内容涉及政治、经济、文化、法制和礼仪等各个方面，这些大体上构成了贞观时期的主要施政蓝图。魏征刚直不阿，敢于向皇帝进谏的政治品质，已成为封建时代谏臣的一个典型形象。贞观之治局面的形成，与魏征的谏诤有很大的关系，唐太宗不只一次地这样对他的大臣说：魏征精晓仁、义、礼、智，辅佐我处理政务，治理国家，其政绩即使是文武双全的诸葛亮也无法与他相抗衡。

作为一个政治家，魏征对唐初社会历史的发展，起过进步作用，作为一代杰出的史官，对我国史学的发展，同样作出了重要贡献。

贞观二年（628），魏征任秘书监时认为，经过隋末丧乱，国家图书丢失甚多，又很杂乱，于是在奏报唐太宗之后，引进一批学者校定"经史子集"等四部书籍。几年之间，使国家藏书基本齐备，粲然可观。这为修撰前代史书准备了资料，提供了极大的方便。唐初之所以能修成八史，魏征主持秘书省组织校定图书，是有一定贡献的。

贞观三年（629），魏征被委任为《隋书》的主编。他在从事国家政务处理的同时，仍勤于著作。他作为政治家、政论家，有《十渐不克终疏》等两百篇左右的政治文献，作为史学家，他又有大量的学术和史学著作问世，如《次礼记》二十卷，《自古诸侯王善恶录》二卷，《列女传略》七卷，《群书治要》五十卷，《大唐礼仪》一百卷，《时务策》五卷等。在他的史学生涯中，影响最大、流传广泛的是由他监修的五代史，尤其是贯穿了他史学思想的《隋书》。

在迭经魏、蜀、吴三分天下、两晋南北朝大冲突、大交融的历史风云之后，中华民族再度归于一统，继秦汉之后，又一次出现两个蝉联的封建统一政权——隋唐王朝。唐初统治者从维护统一和巩固统治的需要出发，着手修撰前朝历史。贞观三年（629）唐太宗下诏修撰周、隋、梁、齐、陈等五史，魏征除撰写《隋史》外，还和房玄龄一起"总监诸代史"，负总的责任。《五代史》的撰修工作，魏征都参加了。梁、陈、齐史的总论，是他执笔撰写的，而最能代表其史学成就的，是由他主修的《隋书》。

二

《隋书》是唐初修成于众史官的第二部史书。贞观三年（629）开设史馆，由魏征主修，颜师古、孔颖达等协助之，书中的序论多出于魏征之手。他们依据的史料有隋朝旧有的史书，如王劭撰、以编录诏敕等文为主的《隋书》八十卷，隋史官修撰的《开皇起居注》六十卷等。再，唐初去隋世最近，直接史料保存尚多，魏征等屡访之。至贞观十年，撰成《隋书》五十五卷，其中帝纪五卷，列传五十卷，上起隋文帝开皇元年（581），下至隋恭帝义宁二年（618），记载了隋朝三十八年的历史。当时此书与《梁书》、《陈书》、《北齐书》、《周书》并行于世，合称为《五代史》。这五部史书都是只有本纪和列传，没有表和志。原来的修撰计划是编写十篇共同的志，而不作表。当时，众史官只完成了他们分别负责的纪、传，没有完成共同负责的志。贞观十五年（641），唐太宗因命左仆射于志宁、太史令李淳风、著作郎韦安仁、符玺郎李延寿等共同修撰志书，以记述梁、陈、北齐、北周和隋朝的典章制度，先后由令狐德棻、长孙无忌监修，历时十五年，至唐高宗时方始成书，共有十志，计三十卷，高宗显庆元年（650），由监修人长孙无忌领衔奏上，其篇目和卷数如下：

《礼仪》七卷，《音乐》三卷，《律历》三卷，《天文》三卷，《五行》二卷，《食货》一卷，《刑法》一

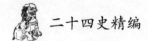
卷,《百官》三卷,《地理》三卷,《经籍》四卷。

这十篇志编成时,五部史书流行已久,所以志书也单行,称为《五代史志》,在与五部史书合编时,附在《隋书》之后,故亦称《隋志》,而《隋书》也因之成为八十五卷。

三

颜师古与封德彝一起,是最早修撰《隋书》的。以后,在魏征主持下,他参加了第二次修撰《隋书》的工作。他撰成的《隋书·地理志》收入《五代史志》。唐继隋而起,唐初统治者对隋朝的统一大业是极为推崇的,对于隋朝初年的政治,也是异常钦慕,而一个“甲兵强盛”、“风行万里”的隋王朝为何在极短的时间内分崩离析,“子孙殄灭”,又不能不引起唐初统治者的深思,可见,撰述隋朝历史对于唐朝统治者来说,有着切身的利害关系,有许多引为鉴戒的历史经验教训。所以魏征主修的《隋书》中,“以隋为鉴”是其主要的特点之一。

关于取鉴的问题,魏征显示出的可贵之处,很突出的一点就是从“人事”上“取鉴于亡国”。即把“人事"作为"以隋为鉴"的主要内容。

首先，在涉及的历史重大问题时，魏征很重视民心的向背问题。他在《隋书》中着力考察了高祖开基、炀帝丧国的原因，通过对两代帝王主客观方面的详尽比较、分析，魏征强调说，尽管炀帝之世的土地、人口、甲兵、仓廪都盛于高祖之时，地险、人谋也都据于有利地位，他们的所作所为表面看起来虽然"迹同"，很相似，但由于"心异"，即主观的出发点不一样；高祖对民的"动"是为了最终使民"安"，对民的"劳"是为了达到民"逸"，结果是天下大治，而炀帝则相反，因而"其亡也忽"。从这里可以看出，他已经在某种程度上看到了人民的力量，因此在《隋书》中，比较注意隋末农民大起义的作用，保留了不少这方面的史料。五十五卷的纪传中，有二十多卷都记有农民起义或反抗斗争，《食货志》和《天文志》、《五行志》也从不同角度多次提到这方面的内容。

第二，魏征能够从经济的角度来考察民众的生产活动同政权兴衰的关系。魏征在谈到封建政治的兴衰与经济的关系时，曾概括性地指出："百姓欲静而徭役不休，百姓凋残而多务不息，国之衰弊，恒由此起。"他的这种思想，在《隋书》中有突出表现。如详细地将隋末每次大规模的征用徭役的情况、死伤的数字以及因而造成的经济破坏，都如实地作了说明和分析，指出正因为隋炀帝大规模的征役，破坏了农民的生产，因而才造成了隋末的农民大起义，使隋王朝很快瓦解了。这比用某些帝王将相个人行为的不检和好恶，来说明一个封建王朝的兴衰，在历史观上是一个很大的进步。

《隋书》的另一个特点，是将修史与求治紧密地结合起来，总结历史经验是为了找到现实的治国方法。魏征通过封建社会前期史学的总结，围绕着"务乎政术""求治要"的宗旨，把史学的赞治作用，通过"取鉴于亡国"的形式，加以充分地发挥，并集中在总结施政致治的统治之道上。他不仅在奏议和《隋书》的编写中全面地总结了隋亡的原因、历史教训和以隋为鉴的重要性，而且第一次明确、具体地指出如何从亡国取鉴，用以赞治的问题。从前一个朝代危、乱、亡的教训中，求得本朝的安、治、存，这一概括把修史、取鉴和赞治三者完全融为一体了，巩固地确立了鉴戒史学的地位。史学作为政治的一个不可分割的有机组成部分，真正成为一种重要的统治工具，应当说开端于斯。

《隋书》体例组织严整，继承了《史记》、《汉书》的传统而有所创新。将反隋人物李密等放入《诸臣列传》而不放入叛臣之列，颇具史家风度。《隋书》的列传材料珍贵，《隋书》修撰时，引用的史书、资料许多现在我们已见不到或者残缺了，它们保存在《隋书》中。如李德林、牛弘、杜台卿、许善心、王劭等人的传，有隋代官私修史的资料，并可知道当时史学发展的情况。《万宝常传》可以了解到隋代有中国古代史上罕见的音乐天才及其《乐谱》六十四卷。耿询、张胄玄、临孝恭、宇文恺、杨素等人的传，记述了隋代中国众多处于世界领先地位的科学技术和创造发明。至于有关政治、经济、军事、民族、外交的史料就更多了。如《隋书》的东夷、南蛮、西域诸列传提供许多新的材料，可以和《隋书》卷六十七所载裴矩传参照来读，借此明了隋代对外交通的情况。而《隋书》十志尤为后人所重视。历代史家对《隋志》的评价较高。自魏、晋以来，典章制度变化较繁，而史书或无志，或有之而断限过短，致使流变不明。《隋志》叙述的范围包括梁、陈、齐、周、隋五个朝代，修撰者多有学术专长，因而其成就较高。《经籍志》为东汉至唐初古籍流传的总结性著作，在古代学术史和图书分类著录方面，其地位可与《汉书·艺文志》相比。《地理志》以隋炀帝大业五年（609）的地理状况为准，记载了全国郡县户口山川形势、建置沿革及风俗物产，对隋以前的地理情况，该志只是略有附注、顺便涉及。《食货志》、《刑法志》大体相近。《音乐志》很详细，特别是关于外国音乐传入中国的经过这部分，可供研究中外文化交流史的参考。《天文志》和《律历志》到今天还算是研究天文气象学的有价值的参考资料。

但凡文笔简炼，难免要遗漏重大史事。杜宝撰《大业杂记》十卷、刘仁轨撰《行在河洛记》十卷就是为了弥补《隋书》记隋末事迹遗缺而作。另外，书中为隋统治者回护和为唐初当权者夸张的曲笔，与其他各史书无异。例如炀帝派张衡杀害其父，其事不见于二帝本纪和《张衡传》（卷五十六），而隐约地附叙于《陈宣华夫人传》（卷三十六）中。又如房彦谦本无重大事迹可纪，因其子房玄龄为唐初丞相，《隋书》中便有他的专传（卷六十六），这都是明显的例证。

政　略

刘行本固于职守

周代故事，天子临轩①，掌朝典笔砚②，持至御坐③。则承御大夫取以进之。及行本④为掌朝，将进笔于帝⑤，承御复欲取之。行本抗声谓承御曰："笔不可得。"帝惊视问之，行本言于帝曰："臣闻设官分职，各有司存。臣既不得佩承御刀，承御亦焉得取臣笔。"帝曰："然"。因令二司各行所职。

（《隋书·刘行本传》）

【注释】

①临轩：古时皇帝不坐正殿而在殿前平台上接见臣属，称为临轩。②"掌朝"句：掌朝，官名。典，掌管；管理。③御坐：皇帝的座位。坐，通"座"。④行本：指刘行本，隋朝沛县人，为官正直、不阿权贵，此时任后周掌朝之职。⑤帝：指后

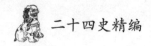

周武帝宇文邕。

【译文】

根据后周的典章制度，天子在殿前平台上接见臣僚，由掌朝官掌管笔墨和砚台，掌朝把笔砚拿到皇帝的座位前，然后承御大夫从掌朝手里接过笔砚进献给皇帝。到刘行本担任掌朝官时，一次正要把笔拿到周武帝的御座前，可承御大夫却先要取笔过去。刘行本高声对承御大夫说："你不能拿笔。"周武帝听了惊奇地望着他，刘行本对周武帝说："我听说设置官员，各分职事，各管职内的事情。我既然不能佩带皇上的御刀，承御大夫怎么能拿我的笔呢！"周武帝说："你说得对。"于是命令两人各行其职。

长孙平谏君

时有人告大都督邴绍非毁朝廷为愤愤者，上①怒，将斩之。平②进谏曰："川泽纳污，所以成其深，山岳藏疾，所以就其大。臣不胜至愿，愿陛下弘山海之量，茂宽裕之德。鄙谚曰：'不痴不聋，未堪作大家翁。'此言虽小，可以喻大。邴绍之言，不应闻奏，陛下又复诛之，臣恐百代之后，有亏圣德。"上于是赦绍。因敕

群臣，诽谤之言，勿复以闻。

（《隋书·长孙平传》）

【注释】

①上：指隋文帝杨坚。②平：即长孙平，字处均，隋朝大臣，曾为工部尚书、吏部尚书、大将军等职。有才干。

【译文】

有人告大都督邴绍诽谤朝政昏乱，隋文帝杨坚听后愤怒，要处死他。长孙平进谏说："河流川泽能接纳污脏之物，所以成就了它的深；山岳丘陵能藏纳瘴气毒疾，所以成就了它的大。我殷切希望陛下实现最好的愿望，愿陛下能够弘扬河海山岳般的宏量，发扬胸怀宽广的美德。俗谚说：'不疾愚不耳聋，不能作大家庭的长者。'虽说事小，却可以寄寓大的意义。邴绍的话，不应当听从奏劾，陛下却要诛杀他，我担心百代之后，对圣上您的美德有所污损。"隋文帝于是赦免邴绍。文帝还因此令告群臣，对朝政的议论和非议，不应再上奏朝廷。

苏威直陈君过

威①见宫中以银为幔钩，因盛陈节俭之美以谕上②。

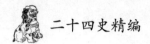

上为之改容，雕饰旧物，悉命除毁。上尝怒一人，将杀之，威入闼进谏，不纳。上怒甚，将自出斩之，威当③上前不去。上避之而出，威又遮止，上拂衣而入。良久，乃召威谢④曰："公能若是，吾无忧矣。"

（《隋书·苏威传》）

【注释】

①威：苏威，字无畏，隋朝京兆人。②上：指隋文帝杨坚。③当：通"挡"。④谢：道歉。

【译文】

苏威看到皇宫中用银器作蚊帐钩链，就陈说节俭的美德来讽谕皇上隋文帝。文帝感悟，脸色改容，雕镂装饰的旧物，全部命令废除。文帝曾怨恨一个人，要把他杀掉，苏威进门去劝谏，文帝不听从。文帝更加愤怒，要亲自出来杀死那人，苏威挡着文帝前面不离开。文帝绕开他出来，苏威又迎上去阻止，文帝气得拂衣进房去了。过了好一段时间，文帝才召见苏威，而且道歉说："你能像这样做，我就没有什么忧虑了。"

御 人

文帝不记旧怨

建绪与高祖有旧，及为丞相，加位开府，拜息州刺史①。将之官，时高祖阴有禅代之计，因谓建绪曰："且踌躇，当共取富贵。"建绪自以周②之大夫，因义形于色曰："明公此旨，非仆所闻。"高祖不悦。建绪遂行。开皇③初来朝，上④谓之曰："卿亦悔不?"建绪稽首曰："臣位非徐广，情类杨彪⑤。"上笑曰："朕虽不解书语，亦知卿此言不逊也。"历始⑥、洪⑦二州刺史，俱有能名。

（《隋书·荣建绪传》）

【注释】

①"建绪"句：建绪，即荣建绪，隋大臣，初仕北周，后仕隋文帝，为刺史等职。高祖，隋文帝杨坚。开府，官名，即

隋散官仪同三司。息州，今河南息县。②周：指南北朝时后周。③开皇：隋文帝杨坚年号（公元581—600年）。④上：隋文帝杨坚。⑤"臣位"句：徐广，晋朝大臣，家世好学，博通经史，为秘书监。后刘裕篡晋建宋为帝，徐广哀痛哭泣，不愿仕刘裕，乞请归家。杨彪，后汉人，为汉献帝的太尉重臣。当时董卓专权，欲迁都避诸侯兵，他力争，被董卓免官。董卓后死，又为太尉。郭汜、李傕之乱时，他尽力侍卫王室，曹操忌之，几以免职。后魏文帝立，想拜他为太尉，他力辞。魏文帝赐以几杖，待以上宾之礼。⑥始：今四川剑阁一带。⑦洪：今江西南昌。

【译文】

荣建绪与隋文帝杨坚有旧交，杨坚当丞相时，给荣建绪进位开府之职，并任他为息州刺史。荣建绪准备任职，这时杨坚暗有代周自立的意图，于是对荣建绪说："将来得志，我与你共享富贵。"荣建绪觉得自己是后周的大夫，就正气形于脸色，说："我不愿听到你这种打算。"杨坚不高兴。荣建绪于是赴任去了。隋开皇初年，荣建绪来到朝廷，杨坚对他说："你后悔不？"荣建绪顿首跪地说："我职位不比徐广，情义却与杨彪相同。"杨坚笑着说："我虽然不懂你引的书中言语，却知道这话并不谦逊。"荣建绪相继任始州、洪州刺史，都以有才能著称。

法　制

赵绰执法公正

故陈将萧摩诃，其子世略在江南作乱，摩诃当从坐。上曰："世略年未二十，亦何能为！以其名将之子，为人所逼耳。"因赦摩诃。绰①固谏不可，上不能夺，欲绰去而赦之，固命绰退食。绰曰："臣奏狱未决，不敢退朝。"上曰："大理②其为朕特赦摩诃也。"因命左右释之。刑部侍郎辛亶，尝衣绯裈，俗云利于官，上以为厌蛊，将斩之。绰曰："据法不当死，臣不敢奉诏。"上怒甚，谓绰曰："卿惜辛亶而不自惜也？"命左仆射高颎斩之③，绰曰："陛下宁可杀臣，不得杀辛亶。"至朝堂，解衣当斩，上使人问绰曰："竟何如？"对曰："执法一心，不敢惜死。"上拂衣而入，良久乃释之。明日，谢④绰，劳勉之，赐物三百段。时上禁行恶钱，有二人在市，以恶钱以好者，武侯⑤执以

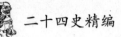

闻，上令悉斩之。绰进谏曰："此人坐当杖，杀之非法。"上曰："不关卿事。"绰曰："陛下不以臣愚暗，置在法司，欲妄杀人，岂得不关臣事！"上曰："撼大木不动者，当退。"对曰："臣望感天心，何论动木！"上复曰："啜羹者，热则置之。天子之威，欲相挫耶？"绰拜而益前，诃之不肯退。上遂入。治书侍御史柳彧⑥复上奏切谏，上乃止。

（《隋书·赵绰传》）

【注释】

①绰：即赵绰，隋河东人，为官正直，执法不阿，治政有能名，时为刑部侍郎，掌刑法。②大理：官名，执掌审讯狱事。③"命左仆射"句：左仆射，官名，即左丞相。高颎，隋大臣，文武兼通，多立建功，为上柱国、丞相，朝野推服，论者以为能相。④谢：道歉。⑤武侯：官名，掌车驾出行，前驱后殿，昼夜巡察等事。⑥"治书"句：治书侍御史，官名，纠察百官之事。柳彧，隋大臣，为官正直不阿，为百僚所惮。

【译文】

陈国旧将萧摩诃，他的儿子萧世略在长江以南地区发动叛乱，萧摩诃当连坐受处罚。隋文帝杨坚说："萧世略年纪不满二十，能有什么用？因为他是名将的儿子，被人所逼迫而不得已而已。"因此赦免萧摩诃。赵绰执一进谏不能赦免，隋文帝说服不了他，想让赵绰离开后再赦免萧摩诃，于是命令赵绰退朝进食。赵绰说："我奏请狱事还没有定下来，不敢退朝。"隋文帝说："大理官为我特地赦免萧摩诃呀。"于是命令身边官吏把萧摩诃释放了。刑部侍郎辛亶，曾经穿了一条红色的裤子，俗话说这是有利于升官，隋文帝认为可恶，要斩掉他。赵绰说："辛亶的罪过按法律来定不应当被处死，我不敢接受诏命。"隋文帝愤怒地对赵绰说："你怜惜辛亶的性命而不怜惜自己的性命吗？"命令左仆射高颎把赵绰斩杀，赵绰说："陛下可以杀掉我，但不能杀死辛亶。"赵绰来到审刑的厅堂里，脱下衣服要受斩了，隋文帝派人问赵绰说："你究竟怎么办？"赵绰回答说："我执行法律专心执一，不敢怜惜生命。"隋文帝拂着衣袖进入内室去了，好久才放了赵绰。第二天，隋文帝向赵绰道歉，并慰劳和勉励他，赐给他各种财物300段之多。当时，隋文帝下令禁止坏钱流通，有两个人在集市上，用坏钱交换好钱，武侯官把他们抓住并上报给朝廷，隋文帝命令把两人都杀了。赵绰进谏说："这两人按法应当受棍棒杖责之刑，杀他们是不合法。"隋文帝说："这不关你的事。"赵绰说："陛下不觉得我愚蠢昏暗，把我安置在御史执法部门任职，你想胡乱地妄杀人命，怎么不关我的事呢？"隋文帝说："摇撼大木摇不动的人，应该量力而退。"赵绰回答说："我希望能感动上天的心，更不用说

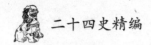

撼动大树木！"隋文帝又说："喝菜汤的人，太热了就放过一
边。天子的威势，你还想挫折吗？"赵绰不说话，跪拜在地上，
越加向前，隋文帝呵斥他，他也不肯退下。隋文帝于是进内室
去了。这时治书侍御史柳或又上奏章急切劝谏，隋文帝才没有
妄杀那两个人。

荣毗执法刚严

　　时以华阴①多盗贼，妙送长吏②，杨素③荐毗④为华
州长史，世号为能。素之田宅，多在华阴，左右放纵，
毗以法绳之，无所宽贷。毗因朝集，素谓之曰："素之
举卿，适以自罚也。"毗答曰："奉法一心者，但恐累
公所举。"素笑曰："前者戏耳。卿之奉法，素之望
也。"时晋王⑤在扬州，每令人密觇京师消息。遣张衡⑥
于路次往往置马坊，以畜牧为辞，实给私人也。州县莫
敢违，毗独遏绝其事。

（《隋书·荣毗传》）

【注释】

　　①华阴：在今陕西华阴一带。②长吏：指县吏之尊者，如
县令、县丞之类。③杨素：隋丞相，掌朝政，贵幸无比。然奸

滑，以智诈自立。④毗：即荣毗，字子堪，少刚耿，有器局，为隋长史、侍御史等职，世称其能。⑤晋王：指隋炀帝杨广，为太子前曾封为晋王。⑥张衡：字建平，隋河内人，为隋炀帝亲重。隋炀帝夺宗篡帝位，张衡多为计出力，官至御史大夫。后被隋炀帝忌恨赐死。

【译文】

　　当时华阴地方出现许多盗贼，朝廷准备选拔有能才的人担任华阴长吏之职，丞相杨素推荐荣毗当华州长史，人们都称赞荣毗有能力。杨素的田地住宅，多在华阴地方，他的手下人放纵恣肆，荣毗依法严惩他们，毫不宽免。荣毗参加朝廷集会时，杨素对他说："我举荐你，正好用来惩罚我自己呀。"荣毗回答说："我之所以执法一心，是怕辜负了您的举荐。"杨素笑着说："我刚才说的话是跟你开玩笑。你奉公执法，正是我所期望的。"此时晋王杨广镇守扬州，每每叫人窥探京城朝廷的消息。杨广派亲信张衡在去京城的道路上，设置放马场坊，以养马为借口，实际上是杨广的侦探。沿途州县没有敢违背杨广旨意而进行干预的，只有荣毗大胆地对这种事情予以杜绝。

伊娄谦不计前嫌

　　武帝①将伐齐，引入内殿，从容谓曰："朕将有事戎马，何者为先？"谦②对曰："愚臣诚不足以知大事，但伪齐僭擅，跋扈不恭，沈溺倡优，耽昏曲蘖③。其折冲之将斛律明月已毙④，谗人之口，上下离心，道路仄⑤目。若命六师，臣之愿也。"帝大笑，因使谦与小司寇拓拔伟聘齐观衅⑥。帝寻发兵。齐主⑦知之，命其仆射阳休之责谦曰："贵朝盛夏征兵，马首何向？"谦答曰："仆凭式之始，未闻兴师。设复西增白帝⑧之城，东益巴丘⑨之戍，人情恒理，岂足怪哉！"谦参军高遵以情输于齐⑩，遂拘留谦不遣。帝克并州⑪，召谦劳之曰："朕之举兵，本俟卿还；不图高遵中为叛逆，乖朕宿心，遵之罪也。"乃执遵付谦，任命报复。谦顿首请赦之，帝曰："卿可聚众唾面，令知愧也。"谦跪曰："以遵之罪，又非唾面之责。"帝善其言而止。谦竟待遵如初。其宽厚仁恕，皆此类也。

（《隋书·伊娄谦传》）

【注释】

①武帝：后周武帝宇文邕（公元561—578年在位）。②谦：即伊娄谦，字彦恭。性忠直，善辞令，为泽州刺史等职，清约自处，甚得人和。③曲蘖（niè）：酒母。这里代指酒。④"其折冲"句：折冲，本意指使敌人的战车后撤，引申为勇敢善战。斛律明

隋 书

月，人名，北齐将军。⑤仄：通"侧"。⑥"因使"句：小司寇，官名，即隋朝的兵部侍郎之职。拓拔伟，人名，北周大臣。齐，北朝时的北齐。观罪（cuàn），观罪、寻找罪状。⑦齐主：齐后主高纬（公元565—577年在位）。⑧白帝：城名，今四川奉节县城东瞿塘峡口。⑨巴丘：山名，在湖南岳阳县湘水右岸。⑩"谦参军"句：谦，伊娄谦。参军，官名，军府属官。高遵，人名，北周大臣。⑪并州：今山西汾水中游一带地区。

【译文】

后周武帝将要讨伐齐国，把伊娄谦叫到内殿，从容地对他说："我要有军事行动，应最先进攻哪个国家呢？"伊娄谦回答说："我愚笨不知国家大事，不过北齐僭越擅权，骄横不逊，沉溺于歌伎戏子，耽溺于酒色饮宴。它的勇武善战的将领斛律明月已经死了，谗佞之人鼓动口舌，君臣上下离心不一，百姓畏惧，在路上看人目光不敢正视。如果出动六军攻打，这正是我的愿望。"武帝大笑起来，因此派遣伊娄谦和小司寇拓拔伟出使齐国去观察它的罪状。武帝不久就发动军队进攻了。齐后主知道此事，叫他的仆射阳休之责让伊娄谦说："你们周朝盛夏季节发动武攻，马首指向谁呢？"伊娄谦回答说："我出使之时，没听说过兴兵之事。假如又向西增兵白帝城，向东加强戍守防御，这是人情常理，哪里有什么可奇怪的呢？"伊娄谦的参军高遵把实情泄露给齐国，齐国于是拘留伊娄谦，不放他回

127

国。周武帝攻克了并州，召来伊娄谦并慰劳他说："我发动武攻，本该等你回来；没料到高遵中途叛变泄秘，违背我平素的心愿，都是高遵的罪过呀。"于是把高遵抓起来交给伊娄谦，由他随便报复。伊娄谦用头叩地再拜，请求赦免高遵，周武帝说："你可集来众人用口水吐他的脸，让他知道什么是羞愧。"伊娄谦跪在地上说："凭高遵的罪过，又不是用口水吐面来责备就能解决的。"周武帝认为他的话说得对，因而停止了对高遵的唾面之罚。伊娄谦后来还是像原来那样对待高遵。他的宽厚仁慈和忠恕，都是这一类情况。

兄弟争罪受宽恕

开皇①中，方贵②尝因出行遇雨，淮水泛长，于津所③寄渡，船人怒之，捯④方贵臂折。至家，其弟双贵惊问所由，方贵具言之。双贵恚恨，遂向津殴击船人致死。守津者执送之县官，案问其状，以方贵为首，当死，双贵从坐，当流。兄弟二人争为首坐，县司不能断，送诣州。兄弟各引咎，州不能定，二人争欲赴水而死。州状以闻，上⑤闻而异之，特原其罪，表其门闾，赐物百段。后为州主簿。

（《隋书·郎方贵传》）

【注释】

①开皇：隋文帝杨坚年号（公元 581—600 年）。②方贵：即郎方贵，隋朝人。④挝（zhuā）：打；击。⑤上：隋文帝杨坚。

【译文】

隋文帝开皇年间，郎方贵曾有事出门，在途中遇上天气下雨，淮河上洪水暴涨，就到渡口船人的房子里等待渡河，撑船人发怒，殴打郎方贵，把他的手臂给折断了。郎方贵回到家里，他弟弟郎双贵问他什么原因，郎方贵详细地把事情给说了。郎双贵非常愤怒，于是跑到渡口，把撑船人打死了。守渡口的人把郎双贵扭送给县官处理，县官问清案由，以郎方贵为首犯，应当处死，郎双贵连罪，该流放边地，兄弟二人争着做首犯，县司决断不下来，于是把二人送到州里，兄弟二人又各自承认自己的罪过，州里也不能决断，二人竟争着要投河。州里把案情上奏朝廷，隋文帝听了感到惊异，特意下令恕免二人罪过，并在他乡里立碑褒扬，赏赐财物上百段，郎方贵后来当上了州里主簿。

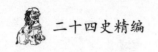

薛胄锐眼识伪官

有陈州①人向道力者，伪作高平②郡守，将之官，胄③遇诸途，察其有异，将留诘之。司马王君馥固谏，乃听诣郡。既而悔之，即遣主簿追禁道力。有部人徐俱罗者，尝任海陵④郡守，先是已为道力伪代之。比至秩满⑤，公私不悟。俱罗遂语君馥曰："向道力以经代俱罗为郡，使君岂容疑之？"君馥从俱罗所陈，又固请胄。胄呵君馥曰："吾已察知此人诈也。司马容奸，当连其坐！"君馥乃止。遂往收之，道力惧而引⑥伪。其发奸摘伏，皆此类也，时人谓为神明。

（《隋书·薛胄传》）

【注释】

①陈州：今河南周口地区。②高平：今山西高平县。③胄：即薛胄，字绍玄，隋大臣。少聪明，好读书，为政明肃严察。④海陵：今江苏泰州。⑤秩满：指为官任期已满。⑥引：承认。

【译文】

有个叫向道力的陈州人，假扮高平郡太守，将要赴官任职，薛胄在路上遇见他，察看到他神色有异，要把他留下来质问。司马王君馥劝阻，薛胄才听从着来到郡府。过后不久又生后悔，立即派主簿追捕向道力。有部属叫徐俱罗的人，曾任海陵郡守，在这以前被向道力假扮代换过。等到官满卸任，他还是不了解伪情。徐俱罗于是对王君馥说："向道力已经代我做郡守了，使君你还有什么值得怀疑的呢？"王君馥把徐俱罗说的话，又来劝阻薛胄不要去追问向道力的情况。薛胄呵斥王君馥说："我已经看出了这人是假装的。司马容许奸情，应当连坐受惩罚。"王君馥这才停止劝阻。薛胄于是派人把向道力捉来，向道力恐惧起来，自己承认了伪情，薛胄发觉奸伪挖掘暗情之事，都是这样的，时人称他办事神明。

李安卖亲不求荣

　　安①叔父梁州②刺史璋与周赵王③谋害高祖④，诱惎⑤为内应。惎谓安曰："寝⑥之则不忠，言之则不义，失忠与义，何以立身？"安曰："丞相父也，其可背乎？"遂阴白之。及赵王等伏诛，将加官赏，安顿首而言曰："兄弟无汗马之劳，过蒙奖擢，合门竭节，无以酬谢。不意叔父无状，为凶党之所蛊惑，覆宗绝嗣，其甘若荠⑦。蒙全首领，为幸实多，岂可将叔父之命以求

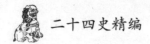

官赏?"于是俯伏流涕，悲不自胜。高祖为之改容曰：
"我为汝特存璋子。"乃命有司罪止璋身，高祖亦为安
隐其事而不言。

（《隋书·李安传》）

【注释】

①安：李安，字玄德，隋朝陇西人，先仕周，后仕隋文帝
杨坚，因向杨坚阴告叔父李璋想图谋害之事而受庞，封为赵郡
公，柱国等职。②梁州：今陕西南郑县一带。③赵王：后周赵王
宇文招，曾设计谋害杨坚，不成而被杀。④高祖：隋文帝杨坚。
⑤悊（zhé）：李悊，李安的弟弟。⑥寝：隐瞒。⑦荼：荼菜，
味极苦。

【译文】

李安的叔父梁州刺史李璋与后周赵王宇文招，设计谋害当
时担任后周丞相的隋文帝杨坚，引诱李安的弟弟李悊作内应。
李悊对李安说："把这事隐瞒不说是不忠，说出来又是不义，失
去了忠与义，怎么能立身处世呢？"李安说："丞相称相父，与
父亲一般，怎么可以背叛呢？"于是向杨坚说明此事。到赵王
宇文招伏法被诛时，杨坚要给李安升官加赏，李安用头叩地请
求说："我兄弟二人无汗马功劳，承蒙奖掖提拔，我合族当尽
忠守节，没有别的方法能用来酬谢了。没想到叔父李璋没有善

行，被凶党所蛊惑，做出灭宗绝嗣之事，真是苦不堪言。蒙丞相保全我们的脑袋，已是庆幸之极了，怎么敢将叔父的生命用来换取官职赏赐呢？"于是伏在地上痛苦流泪，悲痛不已。杨坚为他改变脸色说："我为你保全李璋儿子的性命。"于是命执法官吏罚罪只限李璋本人，杨坚也为李安隐瞒这事不说。

柳述怙宠终遭殃

述①虽职务修理，为当时所称，然不达大体，暴于驭下，又怙宠骄豪，无所降屈。杨素②时称贵幸，朝臣莫不詟③惮，述每陵侮之，数于上前面折素短。判事有不合素意，素或令述改之，辄谓将命者曰："语仆射④，道尚书不肯。"素由是衔⑤之。……

上于仁寿宫寝疾，述与杨素、黄门侍郎元岩⑥等侍疾宫中，时皇太子无礼于陈贵人⑦，上知而大怒，因令述召房陵王⑧。述与元岩出外作敕书，杨素闻之，与皇太子设谋，便矫诏执述、岩二人，持以属吏。

（《隋书·柳述传》）

【注释】

①述：即柳述，字业隆，隋大臣，此时为吏部尚书，性格

孤傲不屈。②杨素：隋大臣，封越国公、左仆射，掌朝政，贵幸无比，为人多智诈。③慴（zhé）：惧怕。④仆射：指杨素。⑤衔：衔恨；衔怨。⑥元岩：隋洛阳人，刚耿有器局，以法令明肃为时所称。此时任官黄门侍郎，出入禁中，为隋文帝所亲近。⑦陈贵人：隋文帝杨坚宠爱的嫔妃，后被隋炀帝杨广奸淫，郁闷而死。⑧房陵王：指隋文帝杨坚长子杨勇。杨勇太子位废后，为房陵王。

【译文】

柳述虽然为官修明，治政有方，被世人称许，但是为人处事不明大体，对属下暴虐不逊，且依靠自己得宠之势骄横傲达，从不屈服于人。杨素此时贵幸无比，朝中大臣没有谁不畏服惧怕，柳述却常凌辱他们，多次在皇上面前指责杨素的短处过失。判定事情有不合杨素意图的，杨素有时叫柳述改动，柳述就对传命的人说："告诉杨仆射，说尚书柳述不肯改动。"杨素因此怨恨他。……

隋文帝杨坚生病卧躺在仁寿宫休养，柳述与杨素、黄门侍郎元岩等在宫中服侍照料。这时皇太子杨广对文帝宠爱的陈贵人无礼，文帝知道后非常愤怒，于是命令柳述去召来房陵王杨勇。柳述与元岩到外面去写敕书，杨素听说后，与皇太子杨广设计预谋，便假造文帝诏书将柳述、元岩二人抓起来，交付执法官处置。

军 事

贺若弼论大将

炀帝之在东宫，尝谓弼①曰："杨素②、韩擒③、史万岁④三人，俱称良将，优劣如何？"弼曰："杨素是猛将，非谋将；韩擒是斗将，非领将；史万岁是骑将，非大将。"太子曰："然则大将谁也？"弼拜曰："唯殿下所择。"弼意自许为大将。

(《隋书·贺若弼传》)

【注释】

①弼：贺若弼，字辅伯，隋洛阳人。少慷慨有志，骁武英勇，又善属文。隋文帝以他有文武才，在伐陈之际用为行军总管，颇有战功。封为上柱国、宋国公。然性耿介，敢直言，后被隋炀帝杨广忌杀。②杨素：字处道，隋华阴人，兼文武，有奇略，先仕后周，后从隋文帝杨坚定天下，功名最著，为丞相，

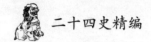

执掌朝政，贵幸无比。然性奸诈，品行陋劣。③韩擒：即韩擒虎，字子通。慷慨有胆略，有文武才，隋文帝杨坚伐陈，以他为先锋，直取陈都城金陵，执陈后主，功劳最高。④史万岁：隋大将，少英武，善骑射，又好读兵书，曾从窦荣定等出击突厥，勇敢善战，名震敌胆。善治兵，权变有方，当时号为良将。后被杨素谮死。

【译文】

　　隋炀帝在东宫做太子时，曾对贺若弼说："杨素、韩擒虎、史万岁三人，都称为良将，他们的优劣究竟怎样？"贺若弼说："杨素是猛将，不是谋略之将；韩擒虎是格斗之将，不是善于领兵的将军；史万岁史是擅长弓马的骑射之将，称不上大将。"杨广说："然而可称为大将的是谁呢？"贺若弼说："只凭陛下您选择罢了。"贺若弼的意思是认为自己为大将。

裴矩安兵

　　时从驾骁果数有逃散①，帝忧之，以问矩②。矩答曰："方今车驾留此，已经二年。骁果之徒，尽无家口，人无匹合，则不能久矣。臣请听兵士于此纳室。"帝大喜曰："公定多智，此奇计也。"因令矩检校为将士等娶妻。矩召江都③境内寡妇及未嫁女，皆集宫监，又召将帅及兵等恣其所取。因听自首，先有奸通妇女及尼、女冠④等，并即配之。由是骁果等悦，咸相谓曰："裴公之惠也。"

（《隋书·裴矩传》）

【注释】

①"时从"句：随炀帝末年，天下义兵并起，隋炀帝巡幸江都（今江苏扬州）时，随从官兵侍卫多有逃散。骁（xiāo）果，勇猛敢死之兵士。②矩：即裴矩，字弘大，有智数，为光禄大夫等职，受隋炀帝器宠。③江都：今江苏扬州市。④女冠：女道士。

【译文】

当时那次随从隋炀帝巡幸江都的兵士多有逃亡，炀帝忧虑，向大臣裴矩问计。裴矩回答说："如今皇上车驾留在此地，已经两年之久。这些兵士，都没有家室在此。人没有配偶家室，就不能久留下去。我想请求让兵士们在此地娶妇成家。"隋炀帝非常高兴地说："你富于智慧，这一定是条奇计。"于是叫裴矩负责检查为将士娶妻等事。裴矩召集江都境内的寡妇和没有出嫁的女子，都集中在宫廷，又召集领帅和兵士放肆地掠夺各自需要的女人。并听从他们自己的选择，原先有与妇女及尼姑、女道士通奸的兵士，立即让他们配合为夫妇。因此兵士们都很高兴，互相说道："这是裴公给我们的恩惠也。"

贺若弼灭陈

先是，弼①请缘江防人每交代之际，必集历阳②。于是大列旗帜，营幕被野。陈③人以为大兵至，悉发国中士马。既知防人交代，其众复散。后以为常，不复设备。及此，弼以大军济江，陈人弗之觉也。袭取南徐州，拔之，执其刺史黄恪。军令严肃，秋毫不犯，有军士于民间沽酒者，弼立斩之。进屯蒋山之白土岗④，陈将鲁达、周智安、任蛮奴、田瑞、樊毅、孔范、萧摩诃等以劲兵拒战。田瑞先犯弼军，弼击走之。鲁达等相继递进，弼军屡却。弼揣知其矫，士卒且惰，于是督厉将士，殊死战，遂击走之。麾下开府员明擒摩诃至，弼命左右牵斩之。摩诃颜色自若，弼释而礼之。从北掖门⑤而入。时韩擒虎⑥已执陈叔宝⑦，弼至，呼叔宝视之。叔宝惶惧流汗，股栗再拜。弼谓之曰："小国之君，当大国卿，拜，礼也。入朝不失作归命侯⑧，无劳恐惧。"

既而弼悫恨不能获叔宝，功在韩擒之后，于是与擒相询，挺刃而出。上闻弼有功，大悦，下诏褒扬，语在韩擒传。晋王⑨从弼先期决战，违军命，于是以弼属吏⑩。上驿召之，及见，迎劳曰："克定三吴⑪，公之功也。"命坐御坐，赐物八千段，加位上柱国，进爵宋国公，真食襄邑⑫三千户，加以宝剑、宝带、金瓮、金盘各一，并雉尾扇、曲盖、杂采二千段⑬，女乐⑭两部，又赐陈叔宝妹为妾。拜右领军大将军，寻转右武侯大将军。

（《隋书·贺若弼传》）

【注释】

①弼：指贺若弼，隋文帝器重的大臣，慷慨骁勇，兼通文武，隋文帝杨坚大举伐陈，以他为行军总管，以功封大将军等职，后被隋炀帝忌杀。②历阳：地名，在今江苏境内。③陈：南朝最后一个朝代陈朝。④"进屯"句：屯，驻军。蒋山，即今南京市紫金山。白土岗，当是紫金山附近的一个小地名。⑤北掖门：陈皇宫宫门。⑥韩擒虎：隋大将，此次伐陈时为先锋，功劳最著。⑦陈叔宝：陈朝末代皇帝，史称陈后主（公元583—589年在位）。⑧归命侯：归顺的诸侯。归命，归顺。⑨晋王：指隋炀帝杨广，为太子前被封为晋王。⑩"于是"句：意谓把贺若弼交付执法的官吏。⑪三吴：地名，指江浙吴兴一带。⑫襄

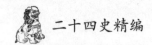

邑：今河南睢县。⑬"并雄尾"句：曲盖，仪仗队用的曲柄伞。杂采：有彩色之丝帛等。⑭女乐：歌舞伎乐。

【译文】

此前，贺若弼令沿长江防守的军队在替代换班之际，都到历阳集中。于是大摆旌旗，军营帷幕遍布原野。陈国人以为是大部队来了，几乎出动国内所有人马以防备。后来知道是防卫人马换班，聚集的军队又散开了。后来陈人对此习以为常，不再作防守准备。到这次大举伐陈的时候，贺若弼率大军渡过长江，陈国人竟没有发觉。隋军突然袭取南徐州，抓着了刺史黄恪。隋军号令严明整肃，秋毫无犯，士兵在百姓中间私自买酒喝的，贺若弼立即斩首示众。隋军进而驻扎到南京钟山的白土岗，陈国将领鲁达、周智安、任蛮奴、田瑞、樊毅、孔范、萧摩诃等人以强劲之兵加以拒守抗击。田瑞军队先行攻击隋军，贺若弼部队打败并驱走他们。鲁达等人部队相继进击，贺若弼的军队截截败退。贺若弼猜到陈军此时骄横，士兵懈怠，于是勉励督促将士，率领士兵奋力死战，于是击走了陈军。贺若弼部下开府员明捉到陈将萧摩诃，贺若弼命令左右军士立即处斩。摩诃脸色不改，镇定自若，贺若弼于是解开捆缚释放他，并且对他以礼相待。贺军从北掖门进入陈朝宫廷。此时隋将韩擒虎已抓获了陈后主陈叔宝，贺若弼赶到，叫陈叔宝过来并仔细地审视他。陈叔宝惶恐流汗，两腿发战，跪在地上再三拜谢。贺若弼对他说："小国君主，相当大国的公卿，跪拜，这是礼节。入隋朝后还可以作归顺的诸侯，不必如此恐惧。"然后，贺若弼很是恼恨没有抓着陈叔宝，功劳落在韩擒虎之后，于是与韩擒虎相互诟骂，挺拔着刀剑而走出来。隋文帝杨坚听说贺若弼有大功劳，很高兴，下令进行褒扬，晋王杨广认为贺若弼在约定的时间前进行决战，违犯军令，因此把贺若弼抓起来交付执法官吏处置。隋文帝派传递公文的驿使把贺若弼召来，到相见时，文帝欢迎和慰劳他说："平定三吴之地，是你的功劳呀。"叫贺若弼坐上皇上的御座，赐给他财物 8000 段，进位为上柱国，加爵为宋国公，以襄邑 3000 户为食邑，加上宝剑、宝带、金瓮各一件，雉尾扇、曲柄伞、彩色布帛之物 2000 段，歌舞乐伎两部，又把陈叔宝妹妹赐给他作妾。拜他为右领军大将军，不久转为右武侯大将军。

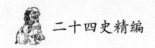

理 财

杨素富极

时素①贵宠日隆，其弟约，从父文思、弟文纪，及族父异，并尚书列卿。诸子无汗马之劳，位至柱国、刺史。家僮数千，后庭妓妾曳绮罗者以千数。第宅华侈，制拟宫禁。有鲍亨者，善属文，殷胄者，工草隶，并江南士人，因高智慧②没为家奴。亲戚故吏，布列清显，素之贵盛，近古未闻。……上③赐王公以下射，素箭为第一，上手以外国所献金精盘，价值钜万，以赐之。……素负冒财货，营求产业，东、西二京④，居宅侈丽，朝毁夕复，营缮无已，爰及诸方都会处，邸店、水碾并利田宅以千百数⑤，时议以此鄙之。

（《隋书·杨素传》）

【注释】

①素：即杨素，隋大臣，封越国公，左仆射，掌朝政，贵

142

幸无比。然无品行，以奸诈自立。②高智慧：隋朝人，曾起兵反隋，兵败被杀。③上：指隋文帝杨坚。④"东、西"句：东京，指洛阳。西京，指长安。⑤"邸店"句：邸店，古代兼具堆栈、商店、客舍性质的市肆。水碨（wèi），水磨石。田宅，田庄。

【译文】

当时杨素很贵幸，皇上对他非常宠爱，他弟弟杨约、叔父杨文思、弟弟杨文纪，以及同宗父辈杨异，都是尚书公卿等显官贵人。他的儿子没有汗马功劳，却都位至柱国、刺史。家里有奴仆几千人，有歌妓妻妾穿绮美丽服者上千人。住宅豪华，造作规模精致比得上皇帝宫殿。鲍亨，善写文章，殷胄，工于草书隶书等书法，以及江南地区众多文才士人，因高智慧叛乱失败后都被杨素收为家奴。亲戚家族，都位列清贵显职，杨素的贵幸之极，近古都不曾听说过。……隋文帝杨坚赏赐王公以下的人宴射，杨素射箭为第一，文帝亲手将外国进献的金精盘，价值数以万计，赐给他。……杨素强为贪取财货，营求田产地业，长安、洛阳东、西二京，住宅很是奢丽豪华，早上造成，晚上又拆毁，修缮不已，以及各城市要道会合之地，邸店、水磨石建筑以及田庄数以千计，当时舆论因此而鄙薄他。

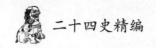

梁毗以身止争

先是，蛮夷酋者皆服金冠，以金多者为豪俊，由此递相陵夺，每寻干戈，边境略无宁岁。毗①患之。后因诸酋长相率以金遗毗，于是置金坐②侧，对之恸哭而谓之曰："此物饥不可食，寒不可衣。汝等以此相灭，不可胜数。今将此来，欲杀我邪？"一无所纳，悉以还之。于是蛮夷感悟，遂不相攻击。

（《隋书·梁毗传》）

【注释】

①毗：即梁毗，字景和，隋安定人，曾为太守，刑部尚书等职，耿介正直，不畏权贵。②坐：通"座"，座位。

【译文】

在此之前，蛮夷各族的酋长都戴金制的帽子，金子多的人被认为是豪俊，因此互相欺凌掠夺，常常发生争斗，边境因此没有安宁的岁月。梁毗对此感到忧虑。后来各酋长相继送金子给他，他把这些金子全放在座位旁边，对着金子大声痛哭，说：

"这东西人饿了不能当食物吃，寒了不能当衣服穿。你们都因这东西相互攻杀，死伤的人不能用数字来计算了。现在拿这东西来，想杀害我吗?"分毫不接受，把金子全还主人。于是蛮夷人感动醒悟，不再相互攻击了。

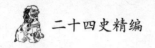

德　操

张须陀开仓赈民

大业①中，为齐郡②丞。会兴辽东③之役，百姓失业，又属岁饥，谷米踊贵，须陀④将开仓赈给，官属咸曰："须待诏敕，不可擅与。"须陀曰："今帝在远，遣使往来，必淹岁序。百姓有倒悬之急，如待报至，当委沟壑矣。吾若以此获罪，死无所恨。"先开仓而后上状，帝知之而不责也。

（《隋书·张须陀传》）

【注释】

①大业：隋炀帝年号。②齐郡：今山东淄博一带。③辽东：今辽宁辽河以东地区，当时为高丽所辖。④须陀：即张须陀，性刚烈，有勇略，为隋朝仪同、开府等职，后与李密的农民义军作战而死。

【译文】

张须陀任齐郡郡丞之职之时。遇上隋炀帝发动攻打高丽的辽东战役，老百姓失去产业，又遇上蜀地闹饥荒，谷米粮食价格飞涨，张须陀计划打开粮仓救济百姓，属僚官吏都说："要等皇上下了诏令再说，不能自作主张开仓供粮。"张须陀说："如今君王远在辽东，派使者来往报送，一定会耽搁太久的时间。老百姓有倒身悬挂一般的危急，倘若等待皇上诏令送来，他们已填在沟壑里了。我如果由于这件事获罪，死了也没有什么遗憾。"因此张须陀先打开粮仓供给百姓粮食。然后才把情况上奏朝廷，隋炀帝知道事情原委，并没有责备他。

寡母教子为清廉

郑善果①母者，清河崔氏之女也。年十三，出适郑诚，生善果。而诚讨尉迥，力战死于阵。母年二十而寡，……

母性贤明，有节操，博涉书史，通晓治方。每善果出听事，母恒坐胡床②，于鄣后察之。闻其剖断合理，归则大悦，即赐之坐，相对谈笑。若行事不允，或妄嗔怒，母乃还堂，蒙被而泣，终日不食。善果伏于床前，亦不敢起。母方起谓之曰："吾非怒汝，乃愧汝家耳。吾为汝家妇，获奉洒扫，如汝先君，忠勤之士也，在官清恪，未尝顾私，以身徇国，继之以死，吾亦望汝副其此心。汝既年小而孤，吾寡妇耳，有慈无威，使汝不知礼训，何可负荷忠臣之业乎？汝自童子承袭茅土③，位至方伯④，岂汝身致之邪？安可不思此事而妄加瞋怒，心缘骄乐，堕于公政！内则坠尔家风，或亡失官爵，外则亏天子之法，以取罪戾。吾死之日，亦何面目见汝先人于地下乎？"

母恒纺绩，夜分而寐。善果曰："儿封侯开国⑤，位居三品，秩俸幸足，母何自勤若是邪？"答曰："呜呼！汝年已长，吾谓汝知天下之理，今闻此言，故犹未也。至于公事，何由济乎？今此秩俸，乃是天子报尔先人之徇命也。当须散赡六姻，为先君之惠，妻子奈何独擅其利，以为富贵哉！又丝枲⑥纺织，妇人之务，上自王后，下至大夫士妻，各有所制。若堕业者，是为骄逸。吾虽不知礼，其可自败名乎？"

善果历任州郡，唯内自出馔，于阁中食之，公廨所供，皆不许受，悉用修治廨宇及分给僚佐。善果亦由此克己，号为清吏。

（《隋书·郑善果母传》）

【注释】

①郑善果：隋朝人，为沂州刺史等职，有治绩。②胡床：一种可以折叠的轻便坐具。③茅土：受封王侯。④方伯：本指一方诸侯之长。后泛指地方长官。⑤开国：本指建立邦国。后五等封爵皆有开国之称。⑥枲（xǐ）：麻。

【译文】

郑善果母亲，是清河县崔氏的女儿。13岁时嫁给郑诚，生下儿子郑善果。郑诚随军讨伐尉迥的叛乱阵亡。此时郑善果母亲才20岁，就成了寡妇。……

郑善果母亲性情贤淑而聪明，有节操，广泛地阅读了经史书籍，还极清楚治政的方法。每当郑善果出来明断事情时，母亲便坐在胡床上，在屏障后面观察他的言行。听到郑善果决断事情公正合理，回家便极高兴，赏赐他坐下来，相对着有说有笑。倘若郑善果办事不公允，或者乱生怒气，母亲就回到后堂，蒙着被子躺在床上哭泣，整天不吃饭。郑善果跪在母亲床前，不敢站起来。这时母亲才从床上起来对他说："我不是生你的气，而是为你家而感到羞愧。我是你郑家的妇人，就得奉守妇道，做好洒水扫地的家庭事务，像你死去的父亲，是一个忠诚勤恳的士人，为官清正严肃，从不顾及私利，把自己的身体奉

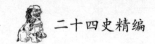

献给国家，牺牲了生命，我也期望你能符合我这番心意。你年纪幼小就成了孤儿，我成了寡妇呀。我平时对你慈爱，可缺乏威仪，使你不懂得礼节教诲，你如何能担负起忠臣的功名事业呢？你从童子之年起就继承父亲爵位，位至方伯，这难道是你自己得到的吗？你怎么能不想想这些事情而妄生怒气，心里便骄傲荒乐起来，以致怠懈了公家的政事！从内来讲败坏你的家风，或者丢失自己的官职爵位，对外而言，损害天子的法律，以致获取罪孽。我死之日，有什么面目见你死于九泉之下的先辈呢？"

郑善果母亲平素纺纱织麻，到午夜时分才睡觉休息。善果说："儿子封为开国侯爵，职位高居三品，所得官秩俸禄十分充裕，母亲怎么自己还这样勤劳辛苦呢？"母亲回答说："哎呀！你年纪长大了，我认为你知道天下的道理，如今听到这些话，才知你还不懂事理。至于公家的政事，你还做得好吗？你如今的俸禄，是天子报答你父亲为国家殉命而给的。本来应当把俸禄分给所有亲戚，作为你父亲给大家的恩惠，作妻子儿女的怎能独享好处，凭此获取富贵呢！况且纺纱织麻，是妇人的职事，上从王后，下至大夫、士的妻子，各有规定。倘若荒废这职事，便是骄纵逸乐。我尽管不懂礼节，但怎可自己败坏名声呢？"

郑善果历任州郡太守之职，只有自己家里端出来的食物，他才在官署中吃，官府供应的东西，他都不接受，全用来修缮官舍，或分给属僚部下。郑善果也因此严格要求和克制自己，当时人们都称他为清廉的官吏。

少杨昭聪慧仁慈

元德太子昭，炀帝长子也，生而高祖①命养宫中。三岁时，于玄武门弄石狮子，高祖与文献后②至其所。高祖适患腰痛，举手凭后，昭因避去，如此者再三。高祖叹曰："天生长者，谁复教乎！"由是大奇之。高祖尝谓曰："当为汝娶妇。"昭应声而泣。高祖问其故，对曰："汉王③未婚时，恒在至尊所，一朝娶妇，便则出外。惧将违离，是以啼耳。"上叹其有至性，特钟爱焉。

炀帝即位，便幸洛阳宫，昭留守京师。大业④元年，帝遣使者立为皇太子。昭有武功，能引强弩。性谦冲，言色恂恂，未尝忿怒。有深嫌可责者，但云："大不是。"所膳不许多品，帷席极于俭素。臣吏有老父母者，必亲问其安否，岁时皆有惠赐。其仁爱如此。明年，朝于洛阳。后数月，将还京师，愿得少留，帝不

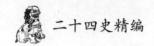

许。拜请无数，体素肥，因致劳疾。帝令巫者视之，云："房陵王⑤为祟。"未几而薨。

（《隋书·杨昭传》）

【注释】

①高祖：隋文帝杨坚。②文献后：隋文帝宠幸的文献独孤皇后。③汉王：隋文帝第五子杨谅。④大业：隋炀帝年号（公元605—618年）。⑤房陵王：隋文帝长子杨勇，曾为太子，后废为房陵王。

【译文】

隋炀帝杨广的长子元德太子杨昭，出生后隋文帝杨坚命令把他在宫中养育。杨昭3岁时，在玄武门玩弄石狮子，隋文帝和文献独孤皇后来到他的住所。隋文帝此时正患腰痛疾病，举着手扶在皇后身上，杨昭看见了就回避起来，这样来回回避有两三次。隋文帝感叹说："上天生下一忠善厚道之人，还要谁来教育呢！"从此便觉得杨昭奇特，不是凡庸之人。隋文帝曾对他说："我给你娶媳妇。"杨昭马上哭起来。隋文帝问他什么原因，他回答说："叔父汉王杨谅没结婚时，总是留在皇上您的身边；一到娶了媳妇，就要离开您到外面任职去。我担心离开您，有违孝顺之道，因此哭泣。"隋文帝感叹他有至好的德

性，十分钟爱他。

隋炀帝继位后，便巡幸洛阳宫，杨昭就留守在京师长安。炀帝大业元年，隋炀帝派使者把杨昭立为皇太子。杨昭有武功，可以拉开强劲弓箭。性情谦逊冲和，言语脸色总是小心慎重的样子，从没发过怒火。有嫌疑可责斥的人，只说："很不应该这样做。"所用膳食不准太多了品类，帷帐床席等日用品极其俭省朴素。大臣官吏有年老父母在的，一定亲自去询问安泰，年节岁时都给以恩惠赏赐。他仁慈厚爱正是这样的。第二年，他到洛阳朝见隋炀帝。几个月后，将回到京师长安，他希望能多在洛阳炀帝身边留一段日子，炀帝不允许。他于是跪拜请求了好多次，由于他身体一贯肥胖，由此得了疾病。隋炀帝叫巫医看他的病，巫医说："这是房陵王的鬼魄作祟。"不久，杨昭便去世了。

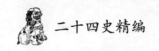

传世故事

隋文帝赈灾

隋开皇三年（583），朝廷在议事中谈到京师的粮仓空虚，万一降水旱之灾将会措手不及。因而隋文帝诏命在蒲、陕、虢、熊、伊、洛、郑、怀、邵、卫、汴、许、汝等水边的十三州募集运米的丁壮；还在卫州设置黎阳仓，在洛州设置河阳仓，在陕州设置常平仓，令丁壮转相输进粮食。这样，可以把关东及汾、晋一带的粮食利用水路运到京师附近，满足不时之需。后来因为渭水泥沙过多，过往粮船往往搁浅，船工苦不堪言，所以文帝又命宇文恺率领民工，开凿了一道长达三百余里的广通渠。渠自大兴城起，东至潼关，不仅使运粮的水路得以畅通，而且有利于各州水旱之地开仓赈粮。

但是，天下州县发生灾荒的地方太多，官仓仍难以满足救灾的需求。度支尚书长孙平便上书云："臣闻国以民为本，民以食为命，劝农重粮，是先王的制度。古时耕耘三年，要把一年的收获积存起来，栽作九年，必有三年收获的储备，因此即使遇水灾旱灾，而百姓面无菜色，这都是由于训导有方，先行储备的缘故。去年大旱，关内缺食少粮，陛下运来山东的粮食，设置常平仓之官，开仓赈灾，普救饥民，这是无与伦比的大恩大德。不过，治国之道应作长远打算，请陛下勒令各州刺史、县令全力劝导百姓储备粮食。"文帝颇以为然，就采纳了他的建议，在各地设立了义仓。

所谓"义仓"，就是地方公共储粮备荒的粮仓，如果设在乡社，就叫"社仓"。具体做法是每年秋季各家百姓拿出一石以下的粟麦，集中储存起来，并且自行经营管理，如逢凶年，便开仓发放。至于每家拿出多少，要看贫富程度之别。各州各县由此而有了自己的粮食储备，也减轻了朝廷的负担。其后关中地区连年大旱，青、兖、许、曹、亳、陈、仁、谯、豫、郑、洛、伊、颍、邓等州又闹水灾，百姓饥馑，哀鸿遍野，文帝便命苏威等人分道开仓赈灾，社仓对救济当地灾民起到了一定作用。

开皇十五年（595），贮粮民间的义仓大都出现了费损现象，文帝于是下诏道："设置义仓本来是为防备水旱之灾，但庶民百姓不作长远打算，轻率地损坏了义仓，使存粮乏绝。北部诸州与其他地方不同，云、夏、长、灵、盐、兰、丰、鄯、凉、甘、瓜等州义仓的杂粮，均要纳归本州。如有旱灾缺粮之

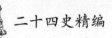

人，可先供应杂粮及陈米。"第二年，又诏命秦、叠、成、康、武、文、芳、宕、旭、洮、岷、渭、纪、河、廓、幽、陇、泾、宁、原、敷、丹、延、绥、银、扶等州社仓，均设置于本县，社仓比照上中下三等税收粮，上等人家交粮不超过一石，中等人家不超过七斗，下等人家不超过四斗。其后山东连年阴雨，诸州均遇水灾。开皇十八年，文帝派人率水工前往治理，疏川导滞，对于断粮绝食的人家，开仓赈救，前后用去五百余万石谷。同时免去该地的租税，此后其地连续几年获得了好收成。

（《隋书·食货志》、《隋书·长孙平传》）

隋炀帝利用越国公

杨素，字处道，弘农华阴人。为人素怀大志，不拘小节，好学不倦，文武双全。隋文帝为周丞相时，对他特别器重，他也主动巴结文帝，所以屡屡委以重任。待文帝即位后，受官上柱国、御史大夫。以后又因屡次率兵征战，立下汗马功劳，官至上柱国、越国公、尚书右仆射等。那时，杨素特受贵宠，权倾朝野，从叔亲弟都官居要职，就连他几个没有尺寸之功的儿子也都位至柱国，官拜刺史。他家中的臣仆有数千人，后院里身着绫罗的妓妾成群；高第大宅，好似宫禁，豪华奢侈，令人叹为观止。

　　时为晋王的杨广处心积虑地想谋取皇太子的位置。他见杨素深得父亲文帝的信任，便卑身相交，曲意奉承。杨素见杨广内受皇后的支持，就千方百计在文帝面前说太子杨勇的坏话，致使杨勇始受疏远终至被废，杨广则称心如意地从兄长手中篡夺了皇太子一位。杨广初登太子位时，又害怕四弟蜀王杨秀拥兵生变，暗中唆使杨素罗织罪名，构陷杨秀，使杨秀被废为庶人。

　　隋炀帝杨广刚一即位，他五弟汉王杨谅便举兵扯起了反叛的旗帜。炀帝连忙派遣杨素率领五千轻骑，奇袭蒲州，杨谅的守将王聃子举城投降。接着炀帝又任杨素为并州道行军总管、河北安抚大使，率数万兵众征伐杨谅。杨谅派遣大将赵子开拒守高壁，十余万兵马布下五十里战阵。杨素则让诸将兵临阵前，而自己带领奇兵潜入霍山，顺着悬崖深谷，神不知鬼不觉地直赴赵子开的营寨，一仗便把赵子开打得落花流水。杨谅兵马接连败北，最后只好向杨素投降。炀帝闻讯大喜，立即派杨素的弟弟修武公杨约拿着他亲笔写下的诏书前往军中慰劳杨素。诏书极尽颂扬之能事，称"昔周勃、霍光，何以加也"，说"公乃建累世之元勋，执心之确志。古人有言曰：'疾风知劲草，世乱有诚臣。'公得之矣。乃铭之常鼎，岂止书勋竹帛哉"！杨素班师回朝后，炀帝又大加赏赐，财物甲第，数不胜数，并且先后授以尚书令、太子太师、司徒等要职。

炀帝表面上极其倚重杨素，但内心对他却特别猜忌，尤其是讨平汉王杨谅后，对他"外示殊礼，内情甚薄"。太史预言隋地将有大丧，炀帝便改封杨素为楚公，因为楚与隋属同一分野，如果上天真降大丧，正好让杨素去顶杠。杨素卧病时，炀帝常叫名医去给他看病，但暗地里却询问医生病情，惟恐杨素不死。当然，隋炀帝为人"内怀险躁，外示凝简"，他对杨素的猜忌丝毫没有形于颜色，在阴忌阳礼的策略下，他充分地利用了杨素这个"先朝功臣"的存在价值。

（《隋书·杨素列传》、《隋书·炀帝纪》）

兄弟之争　假手他人

隋文帝杨坚有五个儿子，以长子杨勇和次子杨广最有出息。杨勇，字罴（xiàn）地伐。其父在北周辅政时，他被立为世子，拜为大将军。开皇元年（581），杨坚登基做了皇帝，杨勇被立为皇太子，杨广被封为晋王。

杨勇非常好学，性情宽仁和厚，直率热情。当太子后，辅助父亲参与政事，处理得当，深得杨坚喜欢。然而，因为他喜好奢侈，越礼接受百官朝贺和宠幸姬妾等事情，杨坚慢慢对他产生了猜疑和戒心，开始疏远他。而且他母亲孤独皇后也对他心怀不满，把宠爱之心转向次子杨广。

晋王杨广字阿麼，容貌俊美，举止优雅，性情机敏深沉，善于谋划。他非常嫉妒他哥哥的皇太子位，一心想把太子位夺过来。

为了树立自己谦虚、俭朴的好形象，他很会伪装。他也有很多妃子，但只和萧妃子住在一起；房子里的陈设都很简单，甚至只用年老丑陋的人服侍他的起居；他又极力结交朝中大臣，每当有人拜访他，他不论官职大小，总是和萧妃一起到大门口迎接，为来人摆盛宴、送厚礼。杨坚知道这些事情后，非常高兴，心中已动了废立太子的念头。

但是杨广知道，光凭这个好形象不行，必须要朝里的重臣出来说话才行。

于是他开始四处活动。他向安州总管请教计策。宇文述说："能使皇帝改变主意的人只有杨素，能与杨素商量事情的人只有他弟弟杨约，我很了解杨约。"他自告奋勇去找杨约。于是宇文述带了许多杨广的珍宝，送给杨约，并劝说："你们兄弟在朝中功名盖世，威望很高。可是结怨太多啊！尤其是太子杨勇很恨你们。现在皇上想立晋王为太子，你要是能帮忙的话，晋王一定会感激你的，你的地位将来才更稳固。"杨约把这话告诉了哥哥杨素，杨素认为对，后来杨约又建议："现在皇后的建议，皇上尽皆采纳，应当尽早结交依靠皇后，这样才能保住荣华富贵！"

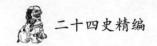

几天之后，杨素进宫见孤独皇后，婉转地说："晋王杨广孝悌恭俭，像他父亲一样。"用这话来揣摩皇后的心态。其实皇后早就不喜欢杨勇了，也想立杨广为太子，她说："你的话很对，我儿子阿麐孝敬友爱，比罷地伐要好得多。"杨素趁机添油加醋说杨勇蛮横不成器。皇后明白他的意思，让他辅助皇帝进行废立太子之事。

杨勇知道后，非常焦虑，但没什么好办法。他在府后建造了平民村，身穿布衣，希望以此来挡住谗言。杨坚派杨素观察杨勇的行为，杨素却谎报："杨勇怀恨在心，恐怕要发生变故，希望陛下防备。"杨坚听了他的报告，对杨勇更加猜忌了。孤独皇后也暗中派人罗织杨勇罪名，向杨坚进谗言，形势对杨勇日益不利。

杨广知道自己已处于很有利的位置，但他还怕不保险，又私下派人以重金贿赂杨勇的亲信姬威，让他暗中观察太子的动静，随时密报杨素。于是朝廷内外到处是对太子的议论诽谤。

杨素却公开诋毁杨勇，宣扬杨勇的过失。同时姬威也出来向皇帝说杨勇非常骄横，大量营造宫殿，又命令女巫占卜吉凶，说"皇帝的忌期在开皇十八年，这个期限快到了"等等诬陷之词。杨素还找出东宫的珍奇服玩器具陈列在宫廷里，作为太子的罪证。

终于杨坚忍无可忍，下定决心要改立太子。开皇二十年

（600），杨坚下诏废杨勇为庶人，立杨广为太子。四年后，杨广登基，是为隋炀帝。

（《隋书·文帝四子传》等）

王世充坐收渔利

隋朝末年，政治腐败，民不聊生，各地农民起义不断爆发。其中势力最强大的是李密的瓦岗军。大业十二年（616），瓦岗军在河南荥阳大破隋朝张须陀的军队，攻占重要粮仓兴洛仓（河南巩县），放粮济民，深得百姓拥戴。并修筑洛口城作为据点，与洛阳的隋将王世充对峙。

王世充出身军旅，深晓兵机武略。只是由于兵少，多次讨伐李密军队都惨遭失败，心中十分忧虑。当时宇文化及在江都（江苏江都）弑杀隋炀帝，自封大丞相，拥立秦孝王杨俊的儿子浩为帝，率领十余万中原将士北上，返回京师，直通洛阳。在洛阳的赵王侗及王世充等人十分惊慌，宇文化及声势浩大，他们无法抵挡。

于是王世充、元文都等向主帅越王侗建议："先赦免李密的罪过，让他戴罪立功，剿灭宇文化及，另他们自相残杀，我们可以保存实力，从中获利。如果天幸宇文氏灭亡，李密的兵力也被削弱，他们的将士也容易离间，那时我们可一鼓而擒李

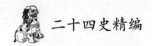

密。"洛阳的宗室大臣纷纷表示赞同。

这时，宇文化及兵临洛阳附近的黎仓，与李密军接火。化及昏庸无能，且有弑主之名，每战必败，但总未损大体。其时战局对瓦岗军颇不利。李密既要东抵宇文化及，又要防备西边王世充偷袭。于是他上表给越王，假意投降，并请求诛灭宇文化及。越王十分高兴，这与他们的计划不谋而合，他下诏加封李密为太尉、尚书令、魏国公等封号，把兵机大权交给李密调度，让他先剿灭宇文化及，然后入朝辅政。

大臣元文都认为大权尽归李密，害怕日久成患。王世充指责元文都等不懂兵法。元文都私下认为王世充想为宇文化及的内应，并向越王谗言。王世充大怒，拥兵入朝，杀了元文都，挟持了越王，并暗暗养精蓄锐，整饬军备，窥视李密与宇文化及的战况。

李密接到越王的诏书，十分高兴，认为西边的祸患已经消除。于是集中兵力东击宇文氏。宇文氏的军队缺乏粮草，几次进攻黎阳仓失败。后来粮草断绝，就渡过永济渠，与李密的军队决战于童山（河南汲县），李密大败宇文化及，其部属死伤无数，纷纷投降李密，化及仓皇逃出，后来被窦建德杀死。李密虽然打败了化及，但自己也损失惨重，几次被暗箭射伤，士兵疲惫不堪，士气衰落。

既而王世充见宇文化及败逃，他趁机整顿军队进攻元气大伤的瓦岗军。李密开始不以为意，认为王世充数次败给自己，根本不会有所作为。当时王世充军缺粮多衣，李密军粮多缺衣，王世充请求交换，李密不肯。王世充派人奉送军衣给瓦岗军，并离间将帅，瓦岗军中投降反叛的很多。李密已无法控制。

武德元年（618），王世充与李密率军在北邙山（洛阳东北）展开决战，李密中计受伏，大败亏输，瓦岗军自此一蹶不振。李密狼狈逃窜，后投奔唐王李渊。

（《隋书·李密传》等）

李密策划大海寺伏击战

隋朝末年，由于隋炀帝荒淫昏聩，不恤民力，终于导致天下大乱，群雄割据，逐鹿中原。翟让的瓦岗起义军威震河南，怀有雄才大略的乱世豪杰李密于是前往投奔，并说服附近的小股起义军归附瓦岗军，瓦岗军的势力因此更加浩大。本来胸无大志的翟让乃对李密言听计从，并愿意尊李密为瓦岗军统帅。

公元616年十月，翟让、李密又率瓦岗军攻占金涅关及荥阳附近各县，距东都洛阳仅百余里之遥。

隋炀帝大惊，派在齐郡镇压起义军百战百胜的张须陀任荥阳通守，负责剿灭瓦岗军。

翟让等听说张须陀前来进剿，大惧，计划率军躲避之，李

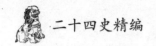

密对翟让说："须陁勇而无谋，兵又骤胜，即骄且狠，可一战擒也！公但列阵以待，密保为公破之。"翟让此时已乱了方寸，只得从李密之说，布阵与张须陁决战。

李密安排翟让率军作为"正兵"迎击张须陁，他则率奇兵千余人退至十余里外的大海寺北边的丛林之中，待张须陁追击翟让至此地时突然伏击之。

果如李密所料，张须陁自恃有万夫不当之勇，兼之在齐州屡战屡胜，根本不把翟让放在眼里。他率大军来到荥阳，见翟让已严阵以待，于是命令士卒列成方阵，气势汹汹地发起进攻。翟让及其将士本就对张须陁心存畏惧，加上他的责任只是诱敌进入李密的伏击圈，故一战即败，向大海寺方向退却。

张须陁乘胜麾军追击，逐北十余里，进入了大海寺北的丛林之中。李密遂发伏兵掩袭之，张须陁军未料到翟让在此设有埋伏，不知伏兵到底有多少，顿时大乱。翟让及其将军徐世轼、王伯当率部回击，配合李密合围张须陁部。张须陁奋力拼杀，终于杀出包围圈。但他的部下尚未杀出，遂抖擞精神，重新杀入重围救其部下，竟四进四出，无奈隋兵一败涂地，不可收拾。张须陁乃仰天长叹："兵败如此，何面目见天子乎？"遂下马力战而死，时年五十二岁。

大海寺伏击战是李密初次用兵，一战而杀隋朝名将张须陁，顿时在瓦岗军中威望大增。翟让乃令李密单独统率一部，号

"蒲山公营"。

李密破张须陀一役之战术并不十分高明，不过以翟让之军佯败，诱敌进入伏击圈，然后出其不意，发动突然袭击，使隋军即刻由追击翟让之主动作战陷入被动作战局面。而李密终于凭此战术而获胜，究其原因，关键在于李密对隋军主帅张须陀的性格非常熟悉。张须陀"勇而无谋"，且屡胜之下，兵骄将悍，目空一切，故李密略施小计，便令张须陀兵败身死。

可见，作为将帅，不仅要知己，还要知彼，而且对敌方统帅的脾气、性格、履历也应了如指掌，只有这样，才能做到"因敌而制胜"

（《隋书·李密传》等）

建筑奇才宇文恺

杨坚建立隋朝后，为了防止宇文氏家族的人反叛夺权，便下令杀掉一些宇文氏皇族的人。其中有一个叫宇文恺的，也在要杀的名单中。追杀的人派出去后，杨坚又后悔了：宇文恺本是后周皇族的远支。此外，他的哥哥宇文忻在杨氏建立隋朝的过程中，是立过功的。这样的人不应该杀。想到此，杨坚马上派人去追赶杀宇文恺的人，通知他文帝已经决定赦免宇文恺。因此，宇文恺才幸免一死。

其实，虽然宇文恺不是北周皇族的近亲，但因他的父亲哥哥都是北周的功臣，他自幼就很风光：刚刚三岁，就赐爵双泉伯，七岁又晋封安平郡公，邑两千户。对于一个孩子来说，这已经是恩宠有加了。到了他可以当官的年龄，先当了个称为"千牛"的小官，是负责宫中护卫的。后来又晋升为御正、中大夫、仪同三司等职。杨坚当上丞相以后，又给他加了一个上开府中大夫的官名。

所以，杨坚赦免了宇文恺以后，便让他当了营宗庙副监。如果一定要用今天的职务来比拟的话，大概可以称为修建宗庙副总指挥吧。"宗庙"是供奉和祭祀祖宗的地方，是每一个名门望族所不可少的，至于皇帝，那就更缺不了，并且还得与众不同。隋文帝刚刚夺得政权，建立新朝，所以，他是一定要修建宗庙的。这个任务就落到宇文恺的头上。

宗庙建成以后，文帝很满意，又封他为甑（zèng）山县公，食邑千户。

后周的首都在长安，文帝建隋以后，首都也设在长安。但统一中国后，为了更好的治理全国，文帝有意迁都洛阳，要在洛阳营造一个新都，便以高颎（jiǒng）为营新都监，而以宇文恺为副监。但高颎不懂技术和设计，主要任务实际上还得宇文恺来完成。整个的规划设计都是由他干的。

他还设计并领导了引渭水入黄河的运河工程。

文帝决定修建仁寿宫的时候，根据杨素的建议，让宇文恺当了仁寿宫监，按仪同三司待遇，不久就提为将作少监。文献皇后死后，他又设计建造了皇后的陵墓。文帝对他主持的这些工程的设计和建造都很满意。

文帝死后，炀帝继位，继续营造东京洛阳，仍以宇文恺为营东都副监，并且很快就提他为将作大匠。在同炀帝的接触中，他看出炀帝心里想的是越奢侈豪华越好，因此，他就把洛阳设计得"穷极壮丽"，建好后，炀帝果然非常高兴，提升他为开府，拜工部尚书。

炀帝有一次北巡，想借机炫耀一下隋朝的强大和先进，因为北方的少数民族多数住帐篷，炀帝就让宇文恺设计一个大帐篷。这个大帐篷里面能坐几千人。帐篷做成后，炀帝高兴得赏赐给宇文恺绢一千段。

宇文恺还为炀帝造了一个大殿，名为"观风行殿"，下面设有轮轴，那殿可开可合，非常奇妙。上面装得下几百名卫士。那些部落酋长见了这大帐篷和观风行殿，觉得神奇的不得了。

炀帝见自己的目的达到了，对宇文恺的设计非常满意，不断地给他赏赐，可谓不计其数。

中国历代帝王，都很重视"明堂"，据说黄帝的时代就有明堂了。那是帝王宣明政教的地方，一些重要的集会、典礼、仪式等等，都要在这里举行。所以孟子说明堂是"王者之堂"。

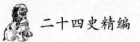

但是晋以后的几百年来，各国都没有力量兴建明堂。隋文帝为了表示自己朝代的正统性，决定修建明堂。但是人们已经有三百年没见过明堂了，究竟明堂是个什么样子，怎么个建法，大臣们争论不休，得不出结论。

宇文恺遍读古代典籍，全面地考证了明堂的建制、形式、尺寸、演变以及明堂各部分的象征和意义等等，并且用十比一的比例尺画出图样来，还作出一个模型。可惜，隋代的明堂没有等到开始建设，隋末农民大起义就暴发了。明堂没有建成，宇文恺带着遗憾，在五十八岁的时候，离开了人世。这时他的官职是金紫光禄大夫。

他为后世留下了《东都图记》二十卷，《明堂图议》二卷，《释疑》一卷。这些著作，是他留给后人的一笔无法用钱来计算的财富。

（《隋书·宇文恺传》、《隋书·炀帝纪》等）

杨素平步青云　受赏无数

在帮助隋文帝杨坚打天下的那些将领当中，杨素受到的赏赐要算是最多的了。

杨素是弘农华阴（今陕西省华阴县）人。年轻时，胸怀大志，读书很多，学识渊博，文章写得美，人生得漂亮。但因为他不拘小节，不受人们的重视。他的父亲杨敷，是北周的汾州刺史，在与北齐的战斗中战死。但是他的父亲却没有得到朝廷应有的肯定。杨素为此愤愤不平，便上书替父亲申辩，要求给他父亲一定的褒奖。但是北周武帝宇文邕不答应。杨素就接二连三地上书，直到惹恼了武帝，下令杀了杨素。杨素却毫无惧色，在走上刑场的时候，还大喊："遇到了无道天子，死也应该！"

武帝听后，认为他很有骨气，把杨素留下来，破格拜为车骑大将军仪同三司，还追认他的父亲杨敷为大将军。从此，武帝逐渐对他有了好感。武帝让他代为起草诏书，他一挥而就，武帝对他很赏识，对他说："好好干吧，小伙子，不用愁没有大富大贵！"杨素却回答说："我只怕富贵来得太急太快，我是本不想富贵的。"

当时北方的东部是齐国的地盘，北周逐渐强大后，总想灭掉齐国，统一北方，便派自己封的齐王宇文宪平齐，杨素要求率领父亲的老部队随战，武帝答应了。杨素从此开始了他的战斗立功的生涯。在河阴（今河南省孟津县东）的第一仗就立了功，被封为清河县子，邑五百户。后来他勇救宇文宪，战绩也不错，就开始平步青云了。

杨坚称帝建立隋朝后，他更需要杨素这样的人为他打天下，便给杨素加官上柱国，开皇四年（584）又拜他为御史大夫。

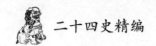

就在这时，杨素发生点"内部问题"，几乎把他断送了。他的妻子脾气暴燥。一次两人吵嘴时，杨素骂道："我要是皇帝，绝不会让你当皇后！"这可是句犯讳的话，这句话可以成为阴谋篡位的证据而掉脑袋。不成想杨素夫人果然用这句话告发了他。幸好当时正是皇帝用人之时，只是免了他的官。

这时，隋文帝杨坚想平定江南。他想起了杨素曾经多次给他提出渡江平陈的建议，便再次起用了杨素，拜他为信州总管，并赐钱百万，锦千段，马二百匹，要求杨素准备伐陈。

当时两国对峙的形势是，东段以长江天险为界，江北为隋，江南为陈。而西段，自陈国信州（在今湖北省宜昌市）附近的狼尾滩向西，无论大江南北，就都是隋朝的属地了。

杨素驻扎在永安（今四川省奉节县东，即三国时代的白帝城）制造大批船舰。其中一种叫"五牙"舰的，有五层，共一百多尺高，可载八百多士兵。另一种叫"黄龙"舰的也可以乘坐百多名战士。至于号称"舴艋"的小形战船数以千计。

开皇八年，隋军以杨素为行军元帅，大举伐陈。杨素指挥他造的大小船舰，顺江而下，穿过三峡，来到与狼尾滩相对的流头滩。他们遇到陈军守将戚欣以"青龙船"上百艘和数千士卒把守在滩头，挡住了隋军的进兵之路。隋军见这里地势险要，水流湍急，都有点畏惧。杨素对将士们说："此次进军，胜败在此一举。如果白天进攻狼尾滩，我们在明处，敌军看得分明，不如夜间乘黑而进。"是夜，杨素挥师而下，将士们谁也不出声。他还派一部分士卒从南岸步行。天亮前，水陆夹击，戚欣大败而逃。杨素还严格管教将士，让他们秋毫无犯，陈国的百姓也很欢迎他们。天亮后，陈军士兵和百姓看见杨素站在舰上高大伟岸的样子，纷纷传说他是江神。以后，他们又冲破了陈军设在水面上的三条大锁链。陈军逃的逃，降的降。隋军很快占领了汉口。结果，一战灭陈。

大功告成，杨素被拜为荆州总管，进爵为郢国公，食邑三千户，连他的儿子杨玄感、杨玄奖都封了爵。赏赐锦万段，谷万石和金宝无数，就连俘获的陈帝的妹妹及其他伎女十四人都赏给了他。

以后，不论是镇压农民起义还是少数民族叛乱，杨素都是经常出战，且大部分战斗都能赢得胜利。每次胜利，或者有什么庆典，文帝都要赏赐给他大量的财富。见诸史籍的较大规模的赏赐就达十二次之多。少则锦三千段，多则黄金珠宝无数。

仁寿二年（602），他率部大败突厥军。文帝除拜他的儿子杨玄感为柱国外，还下诏褒奖，再封一个儿子为侯。这时的杨素已经食邑万户。此外，还赏给他三十顷田地，绢万段，米万石，一个装满了金银的金钵，和一个装满珍珠的银钵。

仁寿四年，汉王杨谅反，杨素率军平定后，赏绢五万段，绮罗千匹，还有杨谅的妓妾二十人，以及东京洛阳"甲第一

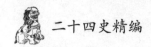

区"，或者说是高楼大厦一片。

当时的人觉得杨素太贪财了，太奢侈了。他不但拥有大量的土地房屋，还有大量的水磨、邸店等等。

杨素于炀帝大业元年（605）死在任上。

（《隋书·杨素传》、《隋书·文帝纪》等）

富贱轮回

有一次，有人叛乱，文帝想派一个亲信去征讨，想到要从刘昉和郑译两个人中选一个。可是找到他们的时候，刘昉说："我没有当过将军，没有打过仗，去不了。"郑译说："我的母亲很老了，我离不开。"他们两个人的表现让文帝很失望，对他们的宠信也就减低了不少。那么，那一次文帝到底派谁去了呢？

当刘昉、郑译推辞不前的时候，有一个人却自告奋勇，要去前方，这个人就是高颎（jiǒng）。文帝的本意是要选一个亲信前去，这才考虑刘、郑二人。现在，既然刘、郑二人已让他失望，他也就只好另寻亲信了。从此以后，他也确实把高颎视为自己的亲信。

高颎有着卖身投靠的"家族史"。他的父亲高宾本是齐国官僚，后来叛齐降周，投靠了后周大司马独孤信，独孤信便把高宾介绍到朝廷中来，还赐姓独孤。但后来独孤信被诛，家属也被迁往蜀郡。

独孤信的女儿正是杨坚的夫人。杨夫人觉得高宾是先父的下级，便同他保持了往来。随着杨坚权势的扩大，高宾的官也就有所升迁，死时当到刺史，还被封为武阳伯。

高颎自小聪明伶俐，也读了一些书。十七岁时就给周朝的齐王宇文宪当了记室，父亲死后，又承袭了武阳伯的封号，先是当上了内史上士，很快升为下大夫，后来又因为在平齐的战斗中立功而被提为开府。

杨坚篡周建立隋朝后，知道高颎是一个很有能力的人，又懂得军事，善于智谋，有意要把他培养成自己的亲信。便派一个人找他谈，暗示了自己的意思。高颎受宠若惊地说："在下甘愿听从陛下的差遣。如果办不成陛下的事情，颎甘受灭族之刑！"接着，便发生了替刘昉、郑译出战的事。

接受了任务，高颎就去辞别自己的母亲，并哭着对母亲说：自古忠孝不能两全……

这一仗高颎果然取胜。文帝为了嘉奖他的胜利，在自己的御殿为他举行了宴会，还顺手把自己的帐子摘下来赏给他，提升他为柱国，改封义宁县公。此后他就不断的升官，先是相府司马，继而尚书左仆射兼纳言，再改封渤海郡公。文帝连他的名字都不叫，而称他为独孤。

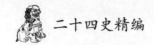

高颎还很懂得以退为进的道理。多次表示要退回皇帝给他封的官。但每次文帝总是给他提升更大的官。在封他为渤海郡公的时候，他上表表示要把这个封爵让给苏威。文帝考虑一段时间以后说：能够推举贤人的人，应该受更高的奖励，于是拜高颎为左卫大将军，以前封的官仍旧保留。

他不但不断获得政治上的好处，而在经济上的赏赐也是越来越多。有一次击退突厥犯边，赏马百余匹，牛羊千余头。

伐陈之役开始前，他给文帝出了个主意：江南富庶，因为江南的水田多，成熟得早。每季到收获的时候，便派兵到陈国去搔扰，还要做出渡江的姿态。这样，他们必然要调动大批军队和劳动力出来防御。这必然影响他们的农业生产。等到他们把兵力集中起来，我们就把部队分散，还去干自己原来的事情。这样，一而再，再而三，一定会削弱他们的经济力量，也麻痹他们的防御心理。这时候我们再战，一定胜利。南方的房舍多数是用竹子搭建而成，包括他们的粮库军需库等也是如此。因此，他建议派一些人专门到南方去放火烧仓库。建起来再烧……几年以后，他们的财力就可以消耗怠尽。

文帝接受了他的建议，按他的方式进行了一些活动。这也是以后伐陈之役顺利成功的一个原因。

开皇九年伐陈的时候，以高颎为元帅长史。平陈以后，文帝对他说："将军出战以后，有人告将军造反，朕已经将那诬告的人杀掉。君臣之间必须有这样的信任。"文帝并宣布拜高颎为上柱国,进爵齐国公,成了各种封爵当中地位最高的。除食邑一千五百户之外,还赏给他绢九千段。

这时,不断地有人告发高颎有不轨行为,文帝不但不听,反而惩办了告发的人。文帝北上并州,留高颎在京,回来后,也要奖赏高颎缣(一种丝织品)五千匹,还赏给他行宫一所。高的夫人有病,文帝亲自到他家里看望,赐钱百万,绢万匹和一匹千里马。高家得到的赏赐,前后不可胜计。文帝还把自己的孙女嫁给了高颎的儿子。

文帝皇后独孤氏性格比较忌妒。有一次文帝亲幸了一个美貌女子,独孤皇后便把那女子给杀了。文帝气得从后门跑出宫中,独自到一座小山上出气。高颎等人把文帝找回宫中解劝。文帝说道:"我贵为天子,竟然连这样一点自由都没有!"高颎劝道:"皇后不过是个女人,何必与她生这样大的气!"

不想这句话让独孤皇后听到了,非常气愤,从此忌恨在心,有机会便挑拨文帝与高颎的关系。高颎的夫人死后,文帝要给他娶一个妾,高颎说:我已经老了,没有这方面的兴趣了。可是后来高颎的一个妾生了个儿子,独孤皇后对文帝说:"怎么样,高颎不和你说真话吧?他说他这方面没兴趣,小妾怎么还生了个孩子?"从此,文帝果然疏远了高颎。

炀帝即位后,高颎对炀帝的奢侈之风经常提出批评,也有

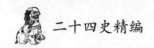

时在背地里议论，被人告发。炀帝便以谤讪朝政的罪名，下令把他杀了。

（《隋书·高颎传》等）

库狄士文刑民责子

库狄士文的祖父库狄干，官至左丞相。其父库狄伏敬，任武卫将军、肆州刺史。库狄士文因父亲之故，袭封章武郡王，官至领军将军。

库狄士文性格较为孤僻，平素从不与人交往，甚至亲戚朋友也不相往来，终日闭门自守。北周武帝宇文邕灭北齐，山东士人百姓都出迎北周军队，独有库狄士文闭门不出，不迎周师，周武帝非常奇怪，授他随州刺史。杨坚代周建立隋朝，库狄士文又被任命为贝州刺史。库狄士文为官执法严酷至极，以至"吏人股栗"，道不拾遗。他刚到贝州刺史任上时，便清查官吏有无受赃形迹，哪怕接受一尺布一升米，他都要治罪，结果查出一千余人。库狄士文上表奏明朝廷，将这一千余人全部充军到岭南。出发时，其亲友家人相送，哭声几乎遍于全州。当时正逢岭南疫病流行，发配去的人，十之八九都病死在那里。其亲友家人均痛恨库狄士文，故意哭吊他以泄恨。库狄士文令人捕捉，遍施刑罚，哭声却越来越烈，禁止不住。百姓编歌谣以讽刺之，为朝廷所闻，厍狄士文因此被免官。

　　厍狄士文也知道自己执法过严，没过多久，他被重新任命为雍州长史，上任时，他对人说道："我向来执法严厉，不能趋奉权贵，必然要死在这个官职上了。"而上任以后，依然执法严酷，不避权贵，宾客都不敢上他的门。后来果然被御史弹劾，厍狄士文性情刚烈，为此愤忿不已，不久就死了。

　　尽管厍狄士文为政十分严酷，但他为官却特别廉洁，不贪财物。有一次，朝廷置酒宴请百官，酒宴后，叫百官到仓库中取绢，任取多少，只要拿得动就行。厍狄士文入库，出来时口衔一匹，两手各拿一匹，一共才拿了三匹。皇帝问他为何拿得这样少，他答道："臣口手都已有，其余都不需要了。"为此，皇帝十分赞赏他，特意另赐他财物。当贝州刺史时，他甘守清苦，但家教很严，绝不准家里沾公家一丁点光，家中可说是别无长物。有一次，或许由于饥饿，他的儿子偷吃了官厨中的饼。厍狄士文知道后，立刻将他抓进牢中，戴上枷锁，关了不少天。后来又将他杖责一百下，送回京城家中。家中仆役之类，平时无事不敢随便出门。家中菜蔬、油盐酱醋之类物品，从不准在本州购买，而是特地到邻近州县买回，为的是杜绝私弊。他外出时，总是将官府关上门，贴上封条，禁止家人出入，也是为的杜绝私弊。

　　　　　　　　　　　　　（《隋书·厍狄士文传》）

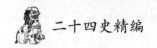

人物春秋

自幼不凡 成就帝业——杨坚

高祖文皇帝杨坚，弘农郡华阴人。高祖龙颜堂堂，额上有五根像柱子的印记连着头顶，目光外射，掌上有"王"字的纹理。身材上长下短，深沉威严。初入太学，就是至亲也只能和他亲昵而不敢轻忽他。

高祖十四岁时，京兆尹薛善征召他为功曹。十五岁时，凭父亲的功勋被授散骑常侍、车骑大将军、仪同三司之职，封为成纪县公。十六岁时，升骠骑大将军，加授开府仪同三司。周太祖看见高祖后赞叹地说："这个孩子的模样气质，不象是凡人！"周明帝继位，授高祖为左小宫伯，加封大兴郡公。周明帝曾派善于相面的赵昭为高祖看相，赵昭欺诈周明帝说："不过是做柱国的面相罢了。"不久又暗自对高祖说："您将要做天下的君主，但必须得大开杀戒才能安定天下。

周武帝即位，高祖改任左小宫伯。离京出任隋州刺史，升大将军。后来武帝征召他回京城，遇上母亲卧病，三年之中，高祖昼夜服侍，不离左右，宇文护执政，特别忌恨高祖，屡次想陷害他，终未成功。其后高祖承袭隋国公的爵位。周武帝娉高祖长女为皇太子妃以后，对高祖更加尊重。齐王宇文宪对周武帝说："普六茹坚（杨坚）相貌非凡，我每次见他，总觉不知所措。恐怕他不会居于人下，请早除掉他。"周武帝说："他只不过是个普通的将军罢了。"内史王轨多次对周武帝说："皇太子非社稷主，普六茹坚有反叛的相貌。"周武帝不悦，说："如果一定是天命，将怎么办？"高祖害怕，只得深匿本来面目。

周武帝建德（572～578）年间，高祖率领水军三万，在河桥攻破北齐的军队。第二年，跟周武帝平定北齐，进位柱国。又与宇文宪在冀州攻破北齐任城王高湝，拜授为定州总管。此前，定州城西门久闭不开。齐文宣帝时，有人请求打开城门，认便于行路。齐文宣帝不答应，说："将会有圣人来打开它。"等到高祖到城下时，城门便开了，人们无不惊奇。不久，高祖调任亳州总管。周宣帝即位，高祖凭皇后之父的身份征拜为上柱国、大司马。大象（579～581）初年，升为大后丞、右司武，不久调任大前疑。皇帝每次巡幸，总是委托高祖留下守京师。当时周宣帝制定《刑经圣制》，非常苛刻。高祖认为法令苛刻反而容易滋长犯罪，不利于教化，恳切劝谏，皇帝不采纳。

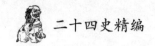

高祖的官职和威望渐受皇帝猜忌。皇帝有四个宠幸的妃子，都是皇后，四家争宠，多次相互诽谤诬陷。皇帝常怒气冲冲地对高祖之女说："一定要杀你们全家！"于是召见高祖，对左右侍卫说："假如普六茹坚变了脸色，就杀死他。"高祖来后，镇定自若，于是作罢。

大象二年（580）五月，任命高祖为扬州总管。将要去就任，突然脚病，没有赴任。十一日，周宣帝去世。周静帝即位时，年龄幼小，不能亲政。内史上大夫郑译、御正大夫刘昉以为高祖是皇后之父，是众望所归，于是假造诏书，召高祖入朝总理朝政，统领朝廷内外的军队。宇文氏在藩国的国王，高祖全担心他们谋反，于是以赵王宇文招将把女儿嫁给突厥为借口，征召赵王宇文招入京。二十三日，为周宣帝发丧。二十六日，周静帝拜高祖为假黄钺、左大丞相，文武百官汇集在高祖门下，听从调遣。以正阳宫为丞相府，以郑译为长史，刘昉为司马，大小官员——设置。在周宣帝时，刑罚残酷，百姓害怕，人民没有为朝廷出力的想法。到高祖亲政时，大力推崇仁政，法令清正简明，高祖自己也很节俭，因而天下老百姓都很高兴。

六月，赵王宇文招、陈王宇文纯、越王宇文盛、代王宇文达、滕王宇文逌都到达京城长安。相州总管尉迟迥在东夏起兵谋反。赵魏之士从者如流，十天之间，就聚众十万。而宇文胄在荥州，石遄逊在建州，席毗在沛郡，席毗弟又罗在兖州，都纷纷响应。尉迟迥将儿子送到陈朝作人质，请求陈朝出兵援助。高祖命令上柱国、郧国公韦孝宽征讨他们。雍州牧毕王宇文贤和赵、陈等五王，因民心归向高祖，因而谋划造反作乱。高祖杀死宇文贤，不追究赵王等人的罪过。于是下诏书，让五王佩剑上殿，入朝不小步快走，以安定他们的心。

七月，陈朝将领陈纪、萧摩诃等侵犯广陵，吴州总管于颛打败了他们。广陵人杜乔生聚众谋反，刺史元义予以平息。韦孝宽在相州打败尉迟迥，把尉迟迥的首级传到朝廷，其余党羽铲平。起初，尉迟迥作乱时，郧州总管司马消难据州响应，淮南的州县也大多应和。高祖命令襄州总管王谊征讨他们，司马消难逃到陈朝。荆、郢两地的众刁民趁机作乱，高祖命令亳州总管贺若谊平息了他们。此前，上柱国王谦为益州总管，见周静帝年幼，由高祖理朝，就纠集巴、蜀的众将士，以挽救朝廷为借口，声讨高祖。高祖正忙于东夏和山南的战事，没有余暇去征讨他们。王谦进兵驻扎在剑阁，攻破始州。等到平定尉迟迥后，高祖就命令行军元帅、上柱国梁睿征讨王谦，将王谦首级传到朝廷。巴、蜀地势险要，百姓喜欢作乱，高祖于是另外开辟平坦的大道，毁弃剑阁的道路，并在此立石碑刻文字告诫他们。宇文招等五王暗中谋反更急迫了，高祖准备酒菜送到赵王府，想看看赵王的行为。赵王宴请高祖，埋伏甲兵，高祖处境危险，在元胄的帮助下才得以脱险才脱险，于是高祖杀了赵

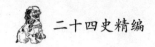

王宇文招、越王宇文盛。

十二月二十日，周静帝下诏说："假黄钺、使持节、大丞相、都督内外诸军事、上柱国、大冢宰、隋国公杨坚，可授相国之职，总理朝政，免去其都督内外诸军事、大冢宰之职。爵位由公晋封为王。将隋州的崇业，郧州的安陆、城阳，温州的宜人，应州的平靖、上明，顺州的淮南，士州的永川，昌州的广昌、安昌，申州的义阳、淮安，自州的新蔡、建安，豫州的汝南、临颍、广宁、初安，蔡州的蔡阳，郢州的汉东等二十个郡划为隋国的封地，隋王可佩剑上殿，入朝时不必快步疾走，朝拜时不必通报姓名，备九锡之礼，加授玺绂、远游冠、相国印绶，地位在诸侯王之上。隋国可设置相以下的各级官职，全部依照旧制。"

高祖再三推辞，周静帝不允。于是高祖才只接受王位和十郡的封地。

周静帝大定元年（581）二月初二日，周静帝令高祖恢复杨姓。初三日，建王府、设百官。

初六日，周静帝下诏书高祖戴皇冠，建制天子旌旗，出入令人开路清道，乘坐金根车，用六匹马拉车，备五时副车，设置旄头云旗，乐舞用八佾，在宗庙悬挂钟；王妃为王后，长子为太子。高祖推让再三才接受。

不久，周静帝因民心所向，派遣兼太傅、上柱国、杞国公

宇文椿奉册令高祖继皇位。又派遣大宗伯、大将军、金城公赵
煚捧皇帝玉玺，百官劝高祖即位。高祖才受命即位。

高祖开皇元年（581）二月十四日，高祖入宫，在临光殿
行礼之后即皇帝位。这天，禀告祖庙，大赦天下囚犯，改元。
京城有祥云出现。高祖改北周官制、礼仪，依照汉魏的形式。
并且分封文武百官

三月初二日，在高平、太原、长安分别猎获赤雀、苍鸟和
白雀各一只，宣仁们槐树连理，众枝向内伸展。初三日，白狼
国进献土产。初五日，白天太白星显现，初六日，再次出现。
高祖任命上柱国元景山为安州总管。初八日，高祖下诏令不许
进献犬马器玩鲜味。初九日，解除对山泽的禁令。任命上开府、
当亭县公贺若弼为楚州总管，和州刺史、新义县公韩擒虎为庐
州总管。初十日，周至县进献连理树，植在宫庭。十二日，任
命上柱国、神武郡公窦毅为定州总管。十九日，任命太子少保
苏威兼纳言、吏部尚书，其余官职不变。二十八日，梁国国君
萧归派遣太宰萧岩、司空刘义来京城朝贺。

四月初二日，高祖大赦天下囚犯。初三日，白天出现太白
星、岁星。十九日，将太常的各种乐工一起放出宫廷重作庶民，
禁止上演杂乐百戏。二十二日，陈朝散骑常侍韦鼎、兼通直散
骑常侍王瑳来问候北周，使者到了，高祖已经受禅即位，就把
使者送到介国。这月，遣派稽胡百姓修筑长城，二十天后停止。

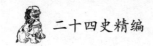

五月十日，封邠国公杨雄为广平王，永康郡公杨弘为河间王。二十三日，介国公逝世，高祖在朝廷为他吊唁，任命他的同族人宇文洛继承爵位。

六月二十九日，高祖下诏因即位之初，赤雀从天下降吉祥，五德相生，而赤是火的颜色，于是下诏令除冬至日在南郊祭天以及祭土神之日，仍按常规穿戴的礼仪外，其余的如朝会的穿戴，旗帜和祭祀用的牲口的颜色，一律用红色。军服用黄色。

七月初八日，高祖开始穿黄色衣服，百官全都祝贺。

八月初五日，罢免东京官员。突厥阿波可汗派遣使者来朝进奉土产。十七日，高祖派遣行国元帅乐安公元谐，在青海攻打吐谷浑，降服吐谷浑。

九月初二日，高祖派遣使臣赈济阵亡将士的家属。二十四日，陈朝将领周罗睺攻破胡墅萧摩诃侵犯长江之北。二十五日，高祖任命越王杨秀为益州总管，改封为蜀王。二十六日，任命上柱国、薛国公长孙览，上柱国、宋安公元景山，一起为行军元帅，以进攻陈朝，仍任命尚书左仆射高颎指挥众军。突厥沙钵略可汗派遣使者上贡土产。在这个月，通行五铢货币。

十月初九日，百济王扶余昌派遣使者来京城朝贺，高祖授扶余昌上开府、仪同三司、带方郡公。十二日，实行新的法律。十六日，高祖巡幸岐州。

十一月初十日，高祖任命永昌郡公窦荣定为右武侯大将军。

二十二日，派遣兼散骑侍郎郑衆出使陈朝。

十二月初三日，高祖任命申州刺史佘朱敞为金州总管。初九日，任命礼部尚书韦世康为吏部尚书。十四日，任命柱国元兖为廓州总管，兴势郡公卫玄为淮州总管。二十五日，高祖从岐州还京。二十七日，高丽王高阳派遣使者上朝进贡，高祖授高阳为大将军、辽东郡公。这天，太子太保柳敏去世。

开皇二年（582）正月初九日，高祖巡幸上柱国王谊府第。十六日，巡幸安成长公主府第。这天，陈朝宣帝逝世，其子陈叔宝即位。十六日，在并州设置河北道行台尚书省，任命晋王杨广为尚书令。在洛州设置河南道行台尚书省，任命秦王杨俊为尚书令。在益州设置西南道行台尚书省，任命蜀王杨秀为尚书令。十七日，陈朝派遣使者来京城请求讲和，归还胡墅。二十六日，高祖诏令天下推荐贤良之士。

二月十五日，高祖下诏令高颎等班师回朝。十六日，任命晋王杨广为左武卫大将军，秦王杨俊为右武卫大将军，其余官职不变。十七日，高祖巡幸赵国公独孤陀府第。二十六日，京城降灰土。

三月初四日，开渠，引杜阳水到三珚原。

四月初四日，高祖任命宁州刺史窦荣定为左武侯大将军。十七日，大将军韩僧寿在鸡头山大破突厥，上柱国李充在河北山打败突厥军队。

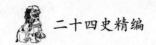

五月初五日，高祖任命上柱国、开府长孙平为度支尚书。初六日，因为天旱，高祖亲自探望囚徒。这天下了大雨。十五日，高窦宁侵犯平州，突厥人侵入长城。十七日，任命豫州刺史皇甫绩为都官尚书。十九日，太尉、任国公于翼去世。二十一日，高祖把传国玺更名为受命玺。

六月初十日，高祖任命太府卿苏孝慈为兵部尚书，雍州牧、卫王杨爽为原州总管。十二日，派遣使者到陈国吊丧。十三日，上柱国李充在马邑打败突厥军队。二十六日，高祖任命上柱国叱李长叉为兰州总管。二十九日，任命上开府尔朱敞为徐州总管。

七月二十四日，高祖诏左仆射高颎、将作太匠刘龙、钜鹿郡公贺娄子干、太府少卿高龙叉等营造新都。

八月二十二日，高祖任命左武侯大将军窦荣定为秦州总管。

十月初三日，皇太子杨勇屯兵咸阳，以防备胡人的侵犯。二十日，高祖疾病痊愈，在观德殿大宴百官。并赐给百官布帛钱币，由百官自己尽力去拿。二十一日，任命营建新都的副监贺娄子干为工部尚书。

十二月初二，高祖在后园讲习武事。初五，上柱国窦毅去世。初七，新都起名为大兴城。十五日，派遣沁源公虞庆则带兵驻扎在弘化，防备胡人入侵。突厥侵犯周槃，行军总管达奚长儒阻击突厥军队，被敌军打败。十七日，赏赐国子寺中的优秀者束帛。十八日，高祖亲自讯视囚徒罪状记录。

开皇三年（583），正月初一日，高祖将迁入新都大兴城，大赦天下囚犯。严禁使用大刀长矛。二十四日，高丽国派遣使者来朝。

二月初四，设宴款待北道勋人。初五，陈朝派遣兼散骑常侍贺彻、兼通直散骑常侍萧褒来朝问候。突厥侵犯边境。初六，在泾阳捉到毛龟。十五日，高祖任命左卫大将军李礼成为右武卫大将军。

三月初九，上柱国、鲜虞县公谢庆恩去世。十一日，高祖任命上柱国达奚长儒为兰州总管。十八日，下雨，高祖着便服进入新都大兴城。京城从地下涌出甘美的泉水。十九日，高祖下诏重金收买天下遗书。二十二日，高祖宴请百官，按等级赏赐。二十五日，修筑榆关城墙。

四月初二，上柱国、建平郡公于义去世。初三，吐谷浑军队侵犯临洮，洮州刺史皮子信战死。初四，高丽国派遣使者来朝。初五，高祖任命尚书右仆射赵煚兼内史令。初十任命滕王杨瓒为雍州牧。十二日，卫王杨爽在白道打败突厥军队。十三日，行军总管阴寿在黄龙打败高宝宁。十七日，因为干旱，高祖亲自在京城西祭雨神求雨。十九日，高祖下诏提倡读书知礼。任命济北郡公梁远为汶州总管。二十二日，陈朝郢州城长官张子讥派遣使者来朝请求投降，高祖认为已和陈朝和好，不接受。

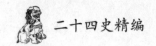

二十四日，高祖派遣兼散骑常侍薛舒、兼通直散骑常侍王劭出使陈朝。二十六日，高祖亲自祭雨。廿七日，突厥派遣使者来朝。

五月初六，行军总管李晃在摩那渡口打败突厥军队。初七，高丽国派遣使者来朝。初八日，梁国太子萧琮来京城朝贺迁居新都。二十五日，行军元帅窦荣定在凉州打败突厥和吐谷浑的军队。二十九日，赦免黄龙及其以下官员死罪。

六月初四，高祖任命卫王杨爽的儿子杨集为遂安郡王。十二日，突厥派遣使者求和。十四日，行军总管梁远在尔汗山打败吐谷浑军队，杀死了他们著名的王公。二十六日，高祖任命晋州刺史燕荣为青州总管。二十三日，任命河间王杨弘为宁州总管。二十九日，高祖巡幸安成长公主府第。

七月初五，高祖任命豫州刺史周摇为幽州总管。

八月十日，靺鞨上贡土产。十二日，高祖任命右武卫大将军李礼成为襄州总管。十五日，派遣尚书右仆射高颖出宁州道，内史临虞庆则出原州道，同时任命他们为行军元帅，以攻打胡人。二十一日，高祖到太社祭祀。

九月十七日，高祖巡幸城东，巡视庄稼。次日，大赦天下囚犯。

十月初九日，高祖废除河南道行台省，任命秦王杨俊为秦州总管。十一月十三日，高祖派使者巡视民风。二十四日，陈朝派遣散骑常侍周坟、通直散骑常侍袁彦来朝问候。陈后主知道高祖相貌奇异，令袁彦画高祖像貌带回去。甲午日，撤销全国各郡。

闰十二月二十二日，高祖派遣兼散骑常侍曹令则、通直散骑常侍魏澹出使陈朝。二十五日，高祖任命上柱国窦荣定为右武卫大将军，刑部尚书苏威为民部尚书。

二月十三日，高祖在霸上为梁国国君萧岿饯行。十五日，靺鞨上贡土产。突厥苏尼部男女一万多人投降隋朝。十八日，高祖巡幸陇州。突厥可汗阿史那玷率部属投降隋朝。

四月初八日，高祖下令总管、刺史的父母及他们十五岁以上的子女，不能带到官任上。初九日，任命吏部尚书虞庆则为尚书右仆射，瀛州刺史杨尚希为兵部尚书，毛州刺史刘仁恩为刑部尚书。十三日，任命上柱国叱李长叉为信州总管。十六日，在大兴殿设宴款待突厥、高丽、吐谷浑使者。二十六日，任命上大将军贺娄子干为榆关总管。

五月十二日，契丹主莫贺弗派遣使者请求受降，被拜为大将军。十五日，高祖任命柱国冯昱为汾州总管。二十四日，任命汴州刺史吕仲泉为延州总管。

六月初十日，高祖为囚徒减罪。十五日，任命鸿胪卿乙弗寔为翼州总管，上柱国豆卢洧为夏州总管。二十二日，开渠，从渭水到达黄河以便畅通漕运。廿八日，秦王杨俊上朝。

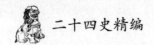

八月初五日，高祖派遣十位使臣巡视全国。初九日，卫王杨爽来朝。这天，高祖为秦王杨俊纳妃子，宴请并按等级赏赐百官。十三日，上柱国、太傅、邓国公窦炽去世。十八日，设宴款待秦王的部属，并按官职赏赐物品。二十三日，设宴款待陈朝使者。二十六日，陈朝将领夏侯苗请求投降，高祖认为已与陈朝和好，不接受。

九月初五日，高祖巡幸襄国公主府第。初六日，巡幸霸水，巡视漕运之渠，按级别赏赐督促修渠的官吏。初十日，高祖亲自讯视囚徒罪行记录。十一日，契丹归附。十五日，因关内饥荒，高祖巡幸洛阳。

十一月初四日，高祖派遣兼散骑常侍薛道卫、通直散骑常侍豆卢淯出使陈朝。初五日，任命榆关总管贺娄子干为云州总管。

开皇五年（585）正月十一日，高祖下诏实行新的礼制。

三月初二日，高祖任命尚书左仆射高颎像为左领军大将军，上柱国宇文忻为右领大将军。

四月初八日，契丹国主多弥派遣使者上贡土产。十六日，上柱国王谊谋反，被诛杀。十九日，高祖征召山东马荣伯等六位儒生。二十二日，高祖从洛阳回京。

五月二十九日，高祖下诏设置防荒粮仓。梁国国君萧岿去世。他的太子萧琮继位。高祖派遣上大将军元契出使突厥阿波

可汗。

七月初六日，陈朝派遣兼散骑常侍王话、兼通直散骑常侍阮卓来朝问候。二十三日，高祖任命上柱国宇文庆为凉州总管。二十八日，突厥沙钵略可汗向高祖上表称臣。

九月初四日，高祖从栗园归。十二日，改鲍陂为杜陵，霸水为滋水。陈朝将领湛文彻侵犯和州，仪同三司费宝首活捉了他。二十三日，高祖派遣兼散骑常侍李若、兼通直散骑常侍崔君赡出使陈朝。

十月初九日，高祖任命上柱国杨素为信州总管，朔州总管吐万绪为徐州总管。

十一月十二日，高祖任命上大将军源雄为朔州总管。十五日，晋王杨广来朝。开皇六年（586）正月十三日，党项羌归附隋朝。十九日，在突厥颁布历法。二十日，高祖任命柱国韦洸为安州总管。二十一日，派遣民部尚书苏威巡视崤函以东各地。

二月初四日，因为华山之南的荆、淅等七州水灾，高祖派遣前工部尚书长孙毗赈灾。初五日，高祖规定刺史上佐每年末入朝，上考课。初六日，派遣民工十一万修筑长城，二十天结束。十四日，任命上柱国崔弘度为襄州总管。十九日，大赦天下囚犯。

三月初八日，洛阳男子德高德上书，请高祖退位作太上皇，传位给皇太子。高祖说："我秉承天命，抚育黎民百姓，日以

191

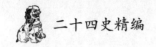

继夜，孜孜不倦，还担心不能达到使老百姓安居乐业，怎么能像近代帝王那样，做事不效仿古代圣贤兢兢业业，却传位给儿子，求得个人的安逸呢?"十二日，突厥沙钵略可汗派遣使者上贡土产。

四月十九日，陈朝派遣兼散骑常侍周崂、兼通直散骑常侍江椿来朝问候。

七月初二日，黄河南边众州水灾。十六日，京城上空降下如马鬃尾的毛，长的有二尺多，短的有六七寸。

八月十二日，因为关内七个州遭受旱灾，高祖免除了这几个州的赋税。派遣散骑常侍裴豪、兼通直散骑常侍刘颎到陈朝问候。二十九日，上柱国、太师、申国公李穆去世。

闰八月初一日，高祖任命河州刺史段文振为兰州总管。十九日，皇太子杨勇镇守洛阳。二十三日，晋王杨广、秦王杨俊一起来朝。二十八日，上柱国、咸国公梁士彦，上柱国、杞国公宇文忻，柱国、舒国公刘昉，因谋反被杀。上柱国、许国公宇文善因罪牵连而被免职。

九月初四日，高祖穿素服到射殿，召集百官投射，赏赐梁士彦等三家钱财布帛。二十三日，高祖任命上柱国李询为隰州总管。二十四日，高祖下诏对从周静帝大象（579～581）年间以来死于战事的官兵家属，全部予以赈恤。

十月初二日，任命河北道行台尚书令、并州总管、晋王杨广为雍州牧,其它官职不变;后部尚书杨尚希为礼部尚书。初六日,在襄州设置山南道行台尚书省,任命秦王杨俊为尚书令。初九日,任命芳州刺史骆平难为叠州刺史,衡州总管周法尚为黄州总管。十七日,有甘露降落在华林园。

二月十二日,在东郊祭祀朝阳。二十五日,陈朝派遣兼散骑常侍王亨、兼通直散骑常侍王慎来朝问候。二十八日,高祖乘车巡幸礼泉宫。这月,派遣民工十多万＝－人修筑长城,二十天结束。

四月初五日,高祖驾临晋王杨广府第。初六日,在扬州开挖山阳渎,以便于畅通漕运。突厥沙钵略可汗去世,他的儿子雍虞闾继位,这就是都蓝可汗。二十九日,高祖分别给东西南北四方总管、刺史颁发青龙、驺虞、朱雀、玄武等符。三十日,高祖派遣兼散骑常侍杨同、兼通直散骑常侍崔儦出使陈朝。任命民部尚书苏威为吏部尚书。

七月十六日,卫王杨爽去世,高祖在门下外省为卫王杨爽发丧。

八月初四日,高祖任命怀州刺史源雄为朔州总管。二十八日,梁国国君萧琮来朝。

九月十三日,梁国安平王萧岩掠夺梁国财宝,投奔陈朝。十九日,高祖废除梁国,因情况特殊而赦免江陵。任命原梁国国君萧琮为柱国,封莒国公。

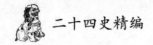

十月十九日，高祖巡幸同州，因为这里是先帝曾住过的地方，所以为囚徒减罪。二十二日，巡幸蒲州。二十五日，设宴款待蒲州父老乡亲，高祖特别高兴，说："这里的老百姓，衣服颜色华丽，容貌举止文静优雅，的确是因为官宦之乡长期陶冶濡染而养成的风俗。"

十一月二十三日，巡幸冯翊，亲自祭祀土神。父老对诏没有遵从旨意，高祖大怒，罢免县官之后离去。廿七日，从冯翊回到京城。

天下第一荒淫皇帝——杨广

隋炀帝杨广，又名杨英，小名阿𡡉，是隋高祖的次子。杨广容貌俊美，自幼聪明玲俐，在众多儿子中高祖和皇后特别喜爱他。北周时，因为高祖的功勋，杨广被封为雁门郡公。

开皇元年，杨广被立为晋王，任命为柱国、并州总管，当时年仅十三岁。不久又授予武卫大将军头衔，后来进升为上柱国、河北道行台尚书令，仍保留大将军衔。高祖让项城公王韶、安道公李彻辅佐教导杨广。杨广好学，善写文章，含蓄深沉，朝野都对他寄予厚望。高祖密令会相面的人来和给所有的儿子相面，来和说："晋王高贵之极。"不久，高祖到杨广住宅来，看见乐器的弦多数都断了，上面又落满灰尘，似乎长期不用，认为杨广不好歌舞女伎，很赞赏他。杨广尤其善于弄虚作假，却又显得道貌岸然。他曾参观狩猎，遇上大雨，左右侍臣进献油衣遮雨，他说："士兵都淋湿了，我能单独穿这个吗！"

开皇六年，杨广转任淮南道行台尚书令。这一年，高祖征召杨广回京，拜为雍州牧、内史令。开皇八年冬天，大规模兴兵攻打陈国，杨广为行军元帅。平定陈国之后，活捉了陈国湘州刺史施文庆、散骑常侍沈客卿、市令阳慧朗、刑法监徐析、尚书都令史暨慧，因为他们奸邪谄媚，害国害民，在宫中右阙之下斩首示众。杨广查封府库，不犯秋毫，天下人都称赞他贤明。他进升为太尉，不久江南商智慧等聚众造反，高祖调杨广为杨州总管，镇守江都，每年朝见一次。高祖祭泰山的时候，杨广随任武候大将军，第二年回到封地。几年后突厥侵犯边境，杨广又出任行军元帅，从灵武出兵，没有遇上敌人，回来了。

到太子勇被废黜后，杨广被立为皇太子。这一月应当接受册命。高祖说："我以大兴公的身份成就帝业。"于是让杨广离开京城，住到大兴县去。当夜，狂风大雪，地震山崩，百姓的住宅多数被破坏，压死百余人。

仁寿初年，杨广奉诏书巡视安抚东南地区。此后，高祖每到仁寿宫避暑，总是让杨广主持国政。

仁寿四年七月，高祖去世，杨广在仁寿宫即皇帝位。八月，扶高祖灵柩回京师。并州总管汉王杨谅起兵谋反，命尚书左仆射要素讨伐平定了他。九月乙巳日，任命备身将军崔彭为左领军大将军。十一月乙未日，炀帝驾临洛阳。丙申日，征发数十万男壮丁掘濠，从龙门向东连接长平、汲郡，达临清关，过黄河到浚仪、襄城，抵达上洛，沿途设置关口防御。登丑日，下诏书说：

天道变化，阴阳才能消长；制度不同，百姓才能和顺。如果天的意志不变，所施行的教化怎么形成春、夏、秋、冬？人事如果不变，所施行的政治怎么能区别万姓？《易》不是说过吗："通过其变化，使民众不疲倦。""变化就能通达，通达就能长久。""有德就能长久，有功就能长壮大。"我又听说，安定天下而能迁都，百姓的财用就能有大的变化。因此，姬氏经营两周都城，合乎武王的心意；殷人五次迁徙，成就商汤的事业。如果不下合民意上顺天时，在变动中形成功业，那么，爱民治国的人能不说话吗？

洛阳自古为都城，周围千里之内，是天地交合之处，阴阳调和之地。三河环绕，四塞巩固，水陆通达，贡赋均等。所以汉高祖说："我走遍天下，经过的地方很多只有洛阳最好。"自古帝王，谁不留心洛阳，之所以不建都于此，都有原因。有的是因为九州尚未统一，有的是因为财政匮乏，无力创建洛阳城。我隋朝建立之始，便想创建这怀、洛城邑，迁延到今天。朝思暮想，无非此事，说起来不胜感慨。

我恭敬地接受皇位，统治万国，继承先帝意志，遵守而不敢遗忘。如今汉王杨谅叛乱，崤山以东地区遭受毒害，州县沦丧。这就是因为关河阻隔，路途遥远，军队不能赶赴应急，加上并州移民又在河南无法协助。周代把殷人迁往东方，用意就在于此。况且，南方地区遥远，东方地区富庶广大，因势利导，顺时而动，现在正是时候。众官府和百官，都拥护这项动议。但是，成周宫殿废墟，无法修葺，于今可在伊、洛地区营建东京，就地设官府、分职务，树立万民的法则。

宫室的规模制度原本是为了便于生活，上有正梁，下有屋檐，就足以遮蔽风雨、雾露，高楼大厦，难道能够说是合适的形制？所以《传》说："节俭，是德行的总汇；奢侈，是罪恶的大端。"孔子说："与其不恭敬，不如节俭。"难道只有瑶台琼楼才是宫殿？而土墙草屋就不是帝王的住宅了？由此可知，不是用天下财物供奉一人，而是由一人主治天下。民是国家的根本，根本牢固则国家安宁，百姓富足，谁还不富足！现在营建伊洛，务必节俭，不要让雕画的墙壁、崇高的楼房又在今天建起，想让低选择宫殿简陋饭食遗传于后世。有关部门清楚地制定出条例。

大业元年春正月壬辰初一，大赦天下，改年号。立妃子萧氏为皇后。把豫州改名溱州，洛州改名为豫州，废除各州总管府。丙申日，立晋王杨昭为皇太子。丁酉日，任命上柱国宇文述为左卫大将军，上柱国郭衍为左武卫大将军，延寿公于仲文为右卫大将军。己亥日，任命豫章王杨暕为豫州牧。戊申日，派遣八名使臣巡察各地风俗。下诏书说：

古时圣王治时天下，关键在于爱民。先让人民富足然后进行教化，家给人足，所以能风俗淳厚，远方来朝，近地安宁。治理成功，都是循此途径。我继承皇位，抚育黎民。虽然遵守先帝功业，不敢有所闪失，但谈到政治措施，多有缺陷。况且，以四海之遥远，黎民之众多，我不能亲自前往，询问民间疾苦。每每想到，民间隐藏的贤人不能举荐，百姓的冤屈不能申诉，一件事情处置不当，就会伤害和顺的祥气，万方有罪，责任都在我身止。所以我昼夜叹息，早晚挂心。

如今施政初期，应该宽大。可分头派遣使者，巡察各方风俗，宣扬教化，推荐被埋没的人才，申诉深藏的冤屈。对孝顺父母努力耕种的人，给以优待，免除租赋。鳏寡孤独不能养活自己的人，酌情给予救济。对义士、烈女，赐匾额表彰其门闾。对年高的老人，加官晋爵，并且依据别的条例，赏赐粟米布帛。有残疾的人，供给服侍的壮丁，虽然有侍养的名义，并无赡养的实效，应公开检查核实，使他们得到奉养。名声显赫、品德高尚、操行廉洁以及有学问才能通一经的人，都应该采访到，推荐到朝廷中。所在州县官府，要根据礼仪发送。官员中有政治腐败残害人民妨碍农时的，使者回朝之日，详细记录上奏。

己酉日，任命吴州总管宇文弼为刑部尚书。

二月己卯日，任命尚书左仆射杨素为尚书令。

三月丁未日，命令尚书令杨素、纳言杨达、将作大匠宇文恺营建东京，迁移豫州城郊居民充实东京。戊申日，诏书说："由于听取并采纳公众的意见，政事和平民商议，所以才能清楚政治和刑罚的得失。由此可知，我早晚思虑治国，想使隐藏的冤屈上达朝廷，治国常道得以发扬。但州牧县宰等官职俱是朝廷委任，如果不认真进行考核，空定下优秀、劣等的虚名，不问治理的实际情形，纲纪就会紊乱，冤屈也就不能申诉。地方和朝廷有重重关河阻隔，百姓的意见无法自行上述。我因此建立东京，亲自过问民情。现在我将巡视淮海，观察了解各地风土人情，征求正直的意见，但呈上来的只是繁琐的词章，乡校中议论朝政的话，听不到。我恐惧警惕，废寝忘餐。民众有知道州县官吏为政刻薄、侵害百姓、徇私枉法、刁难民众的，应该听任他们到朝廷申奏，希望能做到广开四方视听，使天下无冤屈。"又在阜涧营建显仁宫，采集海内珍禽奇兽名花异草，充实宫中花园兽苑。迁徙数百家富商大贾到东京。辛亥日，调发黄河以南各郡百余万男女开凿通济渠，从西苑引谷水、洛水抵达黄河，从板渚引黄河水通达淮河。庚申日，派黄门侍郎王弘、上信同于士澄到江南去采集木材，建造了数万艘龙舟、凤舸、黄龙、赤舰、楼船等。

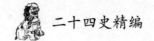

秋七月丁酉日，规定战死的家庭名除十年赋税徭役。丙午日，滕王杨纶、卫王杨集都被剥夺爵位，迁往边境。

闰七月甲子日，任命尚书令杨互为太子太师，安德王杨雄为太子太傅，河间王杨弘为太子太保。丙子日，下诏书说：

治理民众建立国家，应以教学为首要事务，移风易俗，必定由此开始。但圣人的言论断绝，大义遭违背。岁月流逝，虽然努力增进道德进修学业，而治国之道逐渐衰微。汉承秦焚书之后，广集经书，学术不绝如缕，而晋遭社会动乱，学术几乎扫地而尽。从此以后，国家军政忧患甚多，虽然不时兴建学舍，表示喜爱礼义，但老师虽在，却形同虚设。以至于为密电为宦的，并非学习优秀者；撰写文章的，多是不学无术之人。上行下效，纲纪无法确立。文化缺少，大道消亡，实在都是这个原因。

我继承皇位，想弘扬教育，遵敬师长，重视道义，发扬此道，讲究信用，谋求亲善，嘉奖礼教。如今天下统一，车同轨、书同文，十步以内一定有优秀人物，四海之中怎能没有奇才！无论是在家中还是入学的，如果有专门学习古代礼义、埋头经典、品学兼优、能处理政务的人，当地政府应加采访，详细列出名单报上，立即根据其才能越级提拔。如果精通经书而不愿做官，可根据其学业深浅，门第高下，虽然不上朝为官，也酌情给予俸禄。只要循循善诱，他们不日即可成器，不远的将来，朝廷就能人才济济。国子监等学堂，也应讲明旧制度，教育学生，详细规定考试方法，以达到磨练、培育人才的目的。

八月壬寅日，炀帝乘龙舟到达江都。让左武卫大将军郭省做前军统领，右武卫大将军李景做后军统领。文武百官五品以上的，供给楼船，九品以上的供给黄蔑。船只首尾相接，绵延二百余里。

冬十月己丑日，赦免江淮以南的罪人。扬州地区免除五年赋税徭役，旧扬州总管地区免除三年的赋税徭役。十一月己未日，任命大将军崔仲方为礼部尚书。

大业二年春正月辛酉日，东京建成，分别等级赏赐监督工程的人。任命大理卿梁毗为刑部尚书。丁卯日，派遣十名使臣裁减合并州县。

二月丙戌日，命令尚书令杨素、吏部尚书牛弘、大将军宇文恺、内史侍郎虞世基、礼部侍郎许善心制定车服制度。天子的车驾以及春、夏、季夏、秋、冬五个季节的天子侍从车才开始完备。皇帝的常礼服，皮帽子，上面饰有十二块琪玉；文官穿弁服，佩带玉；五品以上文官供给犊牛、挂障幔，三公亲王车上加挂丝络；武官戴平头巾，穿袴褶，三品以上武官供给皰槊仪仗；往下直至胥吏，服饰各有差等。平民不能穿军服，戊戌日，设置都尉官。

三月庚午日，炀帝车驾从江都出发。事前，太府少卿何稠、

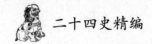

太府丞云定兴大肆准备仪仗，规定各州县送羽毛。百姓寻捕禽兽，水陆遍设网罗，能够提供羽毛装饰的禽兽，几乎一网打尽。

夏四月庚戌日，炀帝从伊阙陈列车马，千车万马进入东京。辛亥日，炀帝到端门，大赦天下，免天下百姓当年租税。癸丑日，任命冀州刺史杨文思为民部尚书。

五月甲寅日，金紫光禄大夫、兵部尚书李通因为犯法而被免职。乙卯日，诏书说："表彰先贤，保存祭祀，是为了优待礼遇贤人，明显地表示对他们的敬爱。我永远借鉴前代的事业思念先贤的功德，无时无刻不感叹九州土地上的贤哲，千载怀念。自古以来的圣贤君子，凡是能树立名声建立功德，辅佐朝政挽救时弊、获巨大利益、有特殊功劳，对人民有益的人，都应该营造祠庙，按时祭祀。他们的坟墓，不许侵犯践踏。有关官府酌情定立条例，以符合我的心意。"

秋七月癸丑日，任命卫尉卿卫玄为工部尚书。庚申日，规定百官不能累计考绩升级，一定要德行、功劳、才能明显优秀的人才能提拔。壬戌日，提拔晋王府的旧臣鲜于罗等二十七人，绶予不同等级的官爵。甲戌日，皇太子杨昭去世。乙亥日，上柱国、司徒、楚国公杨素去世。

十二月庚寅日，诏书说："前代帝王借时势创立基业，治理人民，建立邦国，南面而坐，受群臣礼拜。但随着岁月推移，世代久远，帝王的坟茔遭到毁坏，砍柴放牧者竞相光顾，坟墓荒芜废弃，坟堆和标志都分辨不出。谈到这种沦丧，不胜感慨。自古以来帝王的陵墓，可免除附近十户人家的杂役，让他们守护看视。"

大业三年春正月癸亥日，命令对并州叛党已逮捕发配而逃亡的，一旦捉到，就地斩首。丙子日，满天出现长星，出自东壁星，二十天后停止。这一月，武阳郡上奏，黄河水清。

三月辛亥日，炀帝车驾回到京师。壬子日，任命大将军姚辩为左屯卫将军。癸丑日，派遣羽骑尉朱宽出使流求国。己卯日，河间王杨弘去世。

夏四月庚辰日，诏书说："古代帝王观察访问民间风俗，都是因为忧虑百姓，安抚边远地区。自从蛮夷归附，没来得及亲自安抚，崤山以东历经战乱，也须加以抚恤。现在想安定黄河以北，巡视赵、魏地区。有关官可依惯例安排。"甲申日，颁布法令，大赦天下，关内人民免除三年赋税徭役。壬辰日，把州改为郡。改变度量衡制度，完全按照古代的标准。把上柱国以下的官改为大夫。甲午日，诏书说：

天下重大，不是一人专制能够安定的；帝王的功德，也并非一人的谋略所能完成。自古以来圣明的，推行政事，经略邦国，何尝不是选举贤才，收罗隐士。周朝号称多士，汉代号称得人，我常常思念前代风范，肃然起敬。我早起南面而坐，头戴皇冠等待天明，遥望山谷隐士，希望他们出任朝官，以便和

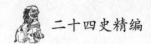

众多贤人共同治国。然而，贤人很少进用，招贤很少有人来，难道是美好的璞玉未碰到优秀的工匠，就想怀藏珍宝，难以选拔？在鉴于前代圣贤，不胜感慨。皇帝在位，贤臣就象大腿和胳膊，左右辅佐；又象渡河，贤臣就象船和浆。岂能保守俸禄，隐瞒自己知道的情况，悠哉游哉地渡日。那就太没意思了。祁奚大夫推举贤人，史学家认为非常公正，臧文仲埋没贤人，孔子讥笑他窃取职位。借鉴古代，并不是没有表扬和批评，所以应该进用贤人，以辅助我能力的不足。

孝顺父母友爱兄弟，是人道的根本；品行忠诚厚道，是立身的基础。或是节烈忠义值得称赞，或者是品行操守高尚廉洁，都能用来净化风俗，有助于社会风气的改进。刚强正直，执法不曲，学业优秀，方思敏捷，都可为朝廷所用，实为栋梁之材。才能可任将帅的，就提拔他去抵御外侮；体壮力大的，就委他去做士卒。至于有一技之长的，也应该录用！务使贤人全部举荐，无所遗弃。用这种办法治国，大约就离天下太平不远了。凡有文武官职者，五品以上的，都应该依照法令推举十科的人才。只要有一种才能即可，不必求全责备。我会越级提拔，根据才能任用。现在已经担任九品以上官职的，不在举荐范围之中。

丙申日，炀帝车驾往北方巡行。丁酉日，任命刑部尚书宇文弈为礼部尚书。戊戌日，命令各级官府不准摧毁庄稼，必须开农田为道路时，有关官府要根据土地的收成，用附近的粮仓赏赐粮食，务必优厚。己亥日，驻扎赤岸泽。用太牢祭祀原太师李穆的坟墓。

五月丁巳日，突厥启民可汗派儿子拓特勤来朝拜。戊午日，调发黄河以北十余郡的男丁开凿太行山，直达并州，以便通驰道。丙寅日，启民可汗派遣侄子毗黎特勤来朝拜。辛未日，启民可汗派遣使臣琰请求允许他亲自进边塞迎接炀帝车驾。炀帝不准。

六月辛巳日，在连谷狩猎。丁亥日，诏书说：

孝敬祭礼祖先，德行最高；兴建寝庙，礼仪最大。然而，不同时代的制度，有的华丽，有的质朴，有的多，有的少。秦代焚书坑儒后学术湮灭，经典散佚，法令消失，关于庙堂的制度，传说不一。应立多少代祖先，无人能说正确；祖先庙是连室而居还是各自分立，也没有定准。

我得以奉祀祖宗，敬承大业，常想严格配享制度，使祭祀盛典更加隆重。于是咨询官员，访问儒师，都认为高祖文皇帝接受天命，拥有天下，拯救四海黎民，革除百代弊病，缓用刑罚，百姓都自由发展，减轻徭役赋税，民众都安居乐业。统一天下，车同轨道，书同文字，东西扩展，无处不归附，南北征讨，解除百姓疾苦。乘风驾鸟，历代没到的地方都到了，各种各样的少数民族，教化从未施行到的人，也都来边塞、朝廷叩

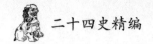

头礼拜。翻译无时不在进行，书信月月都有，收起武器，天下太平。吉祥的预兆、福瑞的标志所在多有，其伟大雄壮难以言表。

我又听说，品德淳厚的人福泽流传后世；治国不表明的人礼仪繁缛。因此，周朝的文王、武王，汉代的高祖、光武帝，法令制度非常健全，谥号特别尊贵，难道这不是根据实际情况加以称赞，也就是合乎道义地推崇和表彰吗？高祖文皇帝应该另外兴建庙宇，以便表彰他崇高的德行，仍然按规定每月祭祀，以表示对他的怀念。有关官府按时兴建，务必合乎规定。此外，名份不同，礼仪也不一样。天子有七代祖庙，前代经典已经著明，诸侯有二昭二穆庙，从道理上讲比天子要低，所以庙宇是以多为贵。王者的礼仪，现在可以依照使用，以便留存后世。

秋七月辛亥日，启民可汗上书请求改变服装，戴帽子，束腰带。命令启民可汗朝拜时不用报名了，地位在诸侯王之上。甲寅日，炀帝在郡城东设大帐，全部仪仗护卫，树立旌旗，宴请启民可汗及其部落共三千五百人，演奏百戏。按不同级别赏赐启民及其部落。丙子日，杀死光禄大夫贺若弼、礼部尚书宇文䂮、太常卿高颖。尚书右仆射苏威因犯罪被免职。征发百余万男丁修筑长城，西到榆林，东到紫河，十天修完，死去的男丁占十分之五六。

八月壬午日，炀帝车驾从榆树起程。乙酉日，启民可汗修饰庐舍清扫道路，迎接车驾。炀帝到启民帐中，启民举杯祝寿，炀帝的宴请和赏赐都极丰厚。炀帝对高丽使臣说："回去告诉你们国王，应早早前来朝见。不然的话，我和启民可汗会到你们国土巡察。"皇后也到义城公主帐中。己丑日，启民可汗回国。癸巳日，炀帝进入楼烦关。壬寅日，驻扎太原。

大业四年春正月乙巳日，下诏书征发黄河以北各郡百余万男女开凿永济渠，引沁水向南到达黄河，向北通到涿郡。庚戌日，文武百官在允武殿举行射礼。丁卯日，赏赐京城内居民每人十石米。

二月己卯日，派遣司朝谒者崔毅出使突厥处罗，招致汗血马。三月辛酉日，任命将作大匠宇文恺炎工部尚书。壬戌日，百济、倭、赤土、迦罗舍等国一齐派遣使臣贡献土产。乙丑日，炀帝车驾到五原，趁机出边塞巡视长城。丙寅日，派遣屯田主事常骏出使赤土，招到罗刹。

夏四月丙午日，把离石的汾源、临泉二县、雁门的秀容县，划为楼烦郡。兴建汾阳宫。癸丑日，任命河内太守张定和为左屯卫大将军。乙卯日，诏书说："突厥意利珍豆启民可汗率领部落归附我朝，保护关塞，遵奉我朝礼仪，想改变戎狄习俗，频繁地入朝谒见礼拜，多次陈述请求。因为毡墙羽帐，极其简陋，愿意建造有梁有檐的房屋。心决恳切，我很重视。应该在万寿戍建造城墙房屋，根据情况供给帷帐床被等物品，待遇务

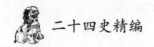

必优厚，以合乎我的心意。"

秋七月辛巳日，征发二十余万男丁修筑长城，自榆谷向东延伸。乙未日，左翊卫大将军宇文述在曼头、赤水大破吐谷浑军。

八月辛酉日，炀帝亲自到恒岳祭祀，河北道的郡守全部到场。大赦天下。车驾经过的郡肥县，免除一年的租赋。

九月辛未日，征集全国的鹰师到东京集中，来了一万多人。

冬十月丙午日，诏书说："先师孔子，道德圣明，发扬天赋英姿，效法文武之道。治理国家，承受天命，蕴育了这位素王，而圣人去世时的悲叹，很快就超过千年，崇高的德行，并没保存一百代。常常思念，他美好的风范应该加以推崇。可立孔子后代为绍圣侯。有关官府寻求其嫡系后裔，把名字报上来。"辛亥日，诏书说："从前，周王即位，首先封唐尧虞舜的后代，汉高祖即位，也赐给殷周的后裔名号，这都是为了表彰先代，效法古圣贤。我继承帝位，寻求文雅的教诲，凡有大益处的，都敬遵如法令。周代兼有夏、殷两朝传统，文质都具备，汉代拥有天下，统一车轫文字，魏晋沿袭汉朝，遗风仍在。这些朝代都应立其后裔，以便保存绝世的大义。有关官府应该寻求其后代，开列姓名上报。"乙卯日，向天下颁布新的度量衡规格。

大业五年春正月丙子日，把东京改为东都。癸未日，下诏书在全国实行均田制。戊子日，炀帝从东都回到京师。乙丑日，规定民间禁止收藏铁叉、搭钩、刀矛之类。太守每年都秘密奏报其属官的行踪。

二月戊戌日，炀帝驻扎阌乡。命令祭祀古代帝王陵墓以及开皇年间功臣坟墓。庚子日，规定北魏、北周官吏的子孙不能因父辈功勋而赏赐官爵。辛丑日，赤土国派遣使臣贡献土产。戊申日，车驾到达京师。丙辰日，在武德殿宴请四百名故旧老人，按不同等级进行赏赐。己未日，炀帝到崇德殿西院，心中很不高兴，回头对左右说："这是先帝居住的地方，确实增添伤感，心中不安，应该在此院的西边另外建造一殿。"壬戌日，规定听任父母跟随儿子到任职官府去。

三月己巳日，炀帝车驾向西巡视黄河右边。庚午日，有关官吏说，武功男子史永遵和叔父堂兄弟等住在一起。炀帝很赞赏他。

五月乙亥日，炀帝在拔延山大举围猎，狩猎圈周围绵延二千里。庚辰日，进入长宁谷。壬午日，渡过星岭。甲申日，在金山上宴请群臣。丙戌日，在浩亹架桥，炀帝马过桥后桥坏了，朝散大夫黄亘及监督工程的九人被斩首。吐谷浑王率众屯守覆袁川，炀帝分别派内史元寿从南边驻扎金山，兵部尚书段文振从北边驻扎雪山，太仆卿义臣从东边驻扎琵琶峡，将军张寿从西边驻扎泥岭，四面包围住。吐谷浑王优允率数十名骑兵逃走，

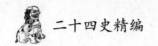

派他的名王假称优允，屯守车我真山。壬辰日，命右屯卫大将军张定和前往追捕。定和挺身出战，被吐谷浑杀死。副将柳武建击败吐谷浑军，杀死数百人。甲午日，吐谷浑被围走投无路，仙头王率十余万口男女来投降。

六月丁酉日，派左光禄大夫梁默、右翊卫将军李琼等追击吐谷浑王，二人均亡。癸卯日，炀帝经过大斗拔谷，山路险要狭隘，大军鱼贯而出。风雪交加，天气阴暗，炀帝和随从官员走散，士兵冻死大半。丙午日，驻扎张掖。辛亥日，命令诸郡推举贤才，分四科：学业贯通，才能优异；身强力壮武艺高超；任职勤奋善理政务；秉性正直不畏强暴。壬子日，高昌王麹伯雅来朝拜，伊吾吐屯设等献上西域数千里土地，炀帝十分高兴。癸丑日，设置西海、河源、鄯善、且末等四郡。丙辰日，炀帝到观风行殿，大量陈列文物，演奏九部乐，表演幻术魔法，在殿上宴请高昌王、吐屯设，表示特别优待。有三十余国少数民族使臣陪席。戊午日，大赦天下，开皇元年以来流放发配的罪人，全部放回故乡，但晋阳叛党不在内。陇西各郡，免除一年赋税徭役，炀帝车驾经过的地方，免除两年赋税徭役。

冬十月癸亥，诏书说："优待推崇年老德高者，典籍中都有记载，尊敬顾问，表彰学校。鬻熊做周文王师，并非因为力气大，方叔是元老，计谋深沉。我常说要考察古代，寻求达到天下大治的途经。因此，对年老的人，重新起用，事情要少，待遇要优厚，不要缺了药和饭，希望能睡卧床上，治理好百姓，收到大的效益。今年集合起来的老人，可在附近州郡安置，七十岁以上有疾病行动不便，不能任职的，赏赐布帛送回本郡。官职在七品以上的，酌情给予俸禄，一直到死。"

大业六年春正月癸亥日初一，清晨有数十名强盗，从建国门进来。守门人都跪下叩头。不一会他们夺下卫士的武器，企图谋反。齐王暕遇上，杀死了他们。于是京城大肆搜索，牵连犯罪的有一千余家。丁丑日，在端门街上演角抵大戏，天下的奇异伎艺全部集中于此，演了一个月才停止。炀帝多次穿便服前往观看。

二月乙巳，武贲郎将陈棱、朝请大夫张镇州进攻流求，打败了他们。献上俘虏一万七千口，炀帝赏赐百官。乙卯日，诏书说："国家草创时期，王业艰难，全仗大臣辅佐，同心协力，才能拯救衰败的国运，荣登皇位，然后酬报功劳、赏赐功臣，开国建家，以山河宣誓，传山河于万代。近代以来天下动乱，四海未能统一，土地随便封赐，名实不符，很长时期未能改革。我朝开国之初，诸事刚始，还遵循旧规矩，来不及改制。现在天下太平，文字、车轨都已统一，应该遵奉先朝旧典，把先圣的教训永远留传后代。从此以后，只有功劳的人才能有赐封，其子孙可以继承封爵。"丙辰日，安德王杨雄改封为观王，河间王之子杨庆改封为郇王。庚申日，征集魏、齐、周、陈等地

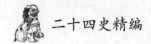

尔人，全部分配给太常。三月癸亥日，炀帝到江都宫。甲子日，任命鸿胪卿史祥为左骁卫大将军。

六月辛卯日，室韦、赤土都派遣使臣贡献土产。壬辰日，雁门盗贼头目尉文通聚集三千人马，驻守莫壁谷。派鹰扬杨伯泉打败了他。甲丙日，规定江都太守官秩和京尹相同。

二月己未日，炀帝登上钓台，面对扬子津，大宴百官，分不同等级进行赏赐。庚申日，百济派遣使臣朝拜进贡。乙亥日，炀帝从江都乘龙舟进入通济渠，到达涿郡。壬午日，诏书说："军事有七德，首称是安定百姓。政治有六本，应以教育振兴。高丽国高元，有失藩国礼仪，我将赴辽东问罪，宣扬宏图大略。虽然想讨伐敌国，仍然要巡礼四方。现在到涿郡，巡视民间风俗，黄河以北各郡以及太行山以西、以东地区，年九十以上的人授太守衔，八十的人授县令衔。"

十二月乙未日，西面突厥处罗多利可汗前来朝拜，炀帝十分高兴，用特殊礼仪接见。那时，辽东的战士以及运送给养的人，挤满道路，昼夜不断，苦于服役的人开始聚众为盗。甲子日，命令都尉、鹰扬和郡县相互联系追捕盗贼，随捕获随处决。

大业八年春正月辛巳日，大军在涿郡集中。任命兵部尚书段文振为左候卫大将军。壬午日，下诏书说：

天地德行极大，却在秋天降下严霜；圣贤十分仁爱，却在刑法上著有杀伐。由此可知，天地造化有杀气，道理在于大公无私；帝王使用武器，乃是出于不得已。版泉、丹浦之战，无非是替天行道，勘定昏乱，应天顺人。何况在甘地野外誓师，夏启继承了大禹的事业，在商城郊外兴兵问罪，周武王完成文王的志向。永远借鉴前代，是我的职责。

从我朝接受天命以来，兼具天、地、人三才而建立中正的准则，统一天下而成为一家。封地扩展到细柳、盘桃以外，教化达到了紫舌、黄枝地区。远人来朝，近人安定，无人不团结和睦，治理成功就在于此。然而高丽这跳梁小丑，侵犯辽东、荬羌土地。虽经汉、魏两代诛伐，巢穴暂时捣毁，但战乱频仍，道路阻隔，他们的部落又聚集起来。他们在前代汇聚山川草泽，而在现代结成恶果。想那华夏土地，全是蛮夷。年代久远，恶贯满盈，天道惩罚淫乱，他们的败亡已显露征兆。他们破坏道德伦常，难以谋取，收藏奸徒，唯恐不足。送去的庄严书信，他们从不当面接受，朝见的礼仪，他们从不亲自参加。招降纳叛，不知法纪，聚集在边境，使了望的烽燧极端疲劳，边关巡夜木梆为此不得安静，边民无法耕种。古代的征伐，他们是漏网之鱼。既未遭前代俘虏，又没受到后代诛杀，他们从不感谢，反而更加作恶，兼并契丹党徒，劫掠海边，改穿羅羃服装，侵犯辽西，又青丘之外，都按时朝贡，碧海之边，都接受我朝治理，而他们却夺取宝物，断绝往来，无辜的人受害，诚实的人遭祸。使臣奉使前往海东，沿路停留，途径藩国土地，而他们堵塞道路，拒绝王使，没有事奉君王的忠心，哪有做臣的礼节！是可忍，孰不可忍。而且，他们法令严酷，赋税繁重，强臣和豪族执掌国政，结党营私，朋比为奸，形成风气，贿赂公行，冤屈不伸。再加上连年灾荒，户户饥饿，战乱不止，徭役没有期限，百姓输送给养竭尽全力，死尸填满沟壑。百姓忧愁悲苦，又能听从谁？境内一片哀叹，不胜凋弊。回头观看境内，人人都担心生命不保，老人孩子，无不感叹残酷毒烈。我观察风俗来到幽州，悲悯百姓兴师问罪，不须等待再次动身了。于是亲统六军，进行制裁违犯王命的九伐之征，拯救危机，顺从天意，消灭这些丑类，继承先代的谋略。

现在应该传令动身，兵分数路，以雷霆之势占领勃澥，以闪电之速横扫夫余。整装振戈，誓师之后动身，三令五申，有必胜把握之后再战。左第一军当镂方道，第二军当长岑道，第三军当海冥道，第四军当盖马道，第五军当建安道，第六军当南苏道，第七军当辽东道，第八军当玄菟道，第九军当扶余道，第十军当朝鲜道，第十一军当沃沮道，第十二军当乐浪道。右第一军当黏蝉道，第二军当含资道，第三军当浑弥道，右第四军当临屯道，第五军当候城道，第六军当提奚道，第七军当踏顿道，第八军当肃慎道，第九军当碣石道，第十军当东暆道，第十一军当带方道，第十二军当襄平道。所有这些军队，先接受朝廷谋略，再络绎前往，在平壤集合，战士无不象豺、象貔一样勇猛，有百战百胜之雄风，回头一看就使山岳倒塌，开口一呼就使风云郁聚，同心同德，猛士俱在。我亲自统率士兵，节制军队，向东走过辽地，沿海右岸前行，解除远方百姓的疾苦，询问海外黎民的苦难。另外有轻装游击部队，随机应变，人豝甲马衔枚，出其不意，袭击敌人。还有海路大军，舟船千里，帆船疾驰，巨舰云飞，横断坝江，径至平壤，岛屿绝望，废井无路。其它随军异族士兵，手持弓矢等待出发，各种异民族军队，不用协商，众口一辞。顺天行军，面对叛逆，人人勇气百倍，用这样的军队作战，势必如摧枯拉朽一般。

然而，王者的军队，照理不行杀戮，圣人的教化，一定要改造恶人。上天惩罚罪人，只惩办首恶，至于为奸邪的众人，胁从不问。如果高元用泥涂首辕门请罪，自行到司法部门投案，就应该解开绳索，焚烧棺木，宽大处理以表示恩惠。其余的臣民如能归顺我朝，一律加以安抚，各自照旧生产，根据其才能录用为官，不问是蛮夷还是华夏。军营驻扎，一定要整齐严肃，不准放牧、砍柴，要做到秋毫无犯。对高丽百姓要施加恩惠，晓以利害。如果他们共同作恶，抗拒官兵，国家有一定的刑法，斩草除根。希望明白告知，合乎我的心意。总计一百一十三万三千八百兵马，号称二百万，运送给养的人多一倍。癸未日，第一军出发，四十天以后，所有的军队才都走光，旌旗绵延百千里。近代出兵，没有如此盛大的。乙未日，任命右兵卫大将

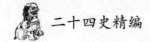

军卫玄为刑部尚书。

二月甲寅日，诏书说："我到燕地观察风俗，到辽东海滨兴师问罪。文臣武将同心协力，战士努力，无不手执武器为君王尽力，舍家从军，以致粮食很少积蓄，耕种受到损失。我因此朝夕忧虑，担心他们穷困。虽然饱食的兵众，理应公而忘私，但对踊跃服役之人，应该待遇优厚。随行人员中，从一品以下至伙飞骑士、召募士以上的人家，郡县都应慰问。如果缺乏粮食，就应救济；有人虽有土地但无劳力不能耕种，可以劝说或者规定劳力多的富家帮助。让住家者有积蓄，行役者无后顾之忧。"

三月辛卯日，兵部尚书、左候卫大将军段文振去世。癸巳日，炀帝亲临大军。甲午日，率军到辽水桥。戊戌日，大军遇到贼兵阻挡，不能渡河。右屯卫大将军、左光禄大夫麦铁杖、武贲郎将钱士雄、孟金叉等，都战死。甲午日，车驾渡过辽水，在东岸大战，击败贼兵，进而包围辽东。

那时，各将领都接到圣旨，遇事必须奏报，故不敢出战。不久，高丽各城都固守，攻不下来。

六月己未日，炀帝到辽东，愤怒地责备各将领。车驾在城西数里停止，到达六合城。七月壬寅日，宇文述等在萨水战败，右屯卫将军辛世雄战死。九路军队都战败，将帅逃回来的只有两千多人。癸卯日，班师回朝。

九月庚辰日，炀帝到东都。己丑日，诏书说："军事和政治内容不同，文臣和武将用途各异，拯救危难，则霸业兴起，教化民俗，则王道显贵。在平定战乱的时代，屠夫可以做官，太平盛世，则须学习经术才能升职。丰都开创之始，周朝官员中没有儒生，在建武朝廷之中，则有军功的不能担任官职。自从国家分裂为三，四海交争，顾不上教化，只崇尚武功。设置官职，很少根据才能委任，朝中官员，都是因有功而录用的，无一不是从部队中选拔的。出身勇士，教学的内容从未学习，执政的方法也一无可取。自己是非不明，属下吏员就作威作福，贪污腐化贿赂公行，无法无天，腐蚀政府，残害人民，原因皆缘于此。此后，因功授爵的，不得同时委任文武官职，希望改弦更张，就象调瑟一样，让从政者不是实习生，以便不伤害国政。如果吏部擅自任用，御史就应该弹劾纠察。"

十一月己卯日，皇族女儿华容公主嫁给高昌王。辛巳日，光禄大夫韩寿去世。甲申日，败将宇文述、于仲文等人被削职为民，把尚书右丞刘士龙斩首以向天下谢罪。这一年大旱，又发生瘟疫、死人很多，崤山以东地区尤其厉害。秘密命令长江、淮河以南各郡查看民间童女，有容貌美丽的，每年进贡。

大业九年春正月丁丑日，征集天下士兵，召募民众做骁果骑士，在涿郡集合。壬午日，盗贼头目杜彦水、王润等攻陷平原郡，大肆抢劫而去。辛卯日，设置折冲、果毅、武勇、雄武等郎将官，统领骁果骑士。乙未日，平原李德逸聚集数万人，被称为"阿舅贼"，抢劫崤山以东地区。灵武白榆妄，被称为"奴贼"抢劫牧马，向北勾结突厥，陇右地区大都遭其祸害。派遣将军前往讨伐，几年不能平定。戊戌日，大赦天下。己亥日，派代王杨侑、刑部尚书卫玄镇守京师。辛丑日，任命右骁骑将军李浑为右骁卫大将军。

二月己未日，济北人韩进洛聚集数万人作强盗。壬午日，恢复宇文述等人官职。又征兵讨伐高丽。三月丙子日，济阳人孟海公起兵，人数达到数万。丁丑日，征发十万男丁修建大兴城。戊寅日，炀帝到辽东。让越王杨侗、民部尚书樊子益留守东都。庚子日，北海人郭方预聚众作强盗，自称卢公，人数达三万，攻下郡城，大肆抢劫而去。

夏四月庚午日，炀帝车驾渡过辽水。壬申日，派遣宇文述、杨义臣到平壤。六月乙巳日，礼部尚书杨玄感在黎阳造反。丙辰日，杨玄感进逼东都。河南赞务裴弘策率兵抵御，反而被贼兵击败。戊辰日，兵部侍郎斛斯政逃奔高丽。庚午日，炀帝班师回国。高丽袭击断后部队，炀帝命令右武卫大将军李景断后抵御。派遣左翊卫大将军宇文述、左候卫将军屈突通等乘驿车调发军队，讨伐杨玄感。

八月壬寅日，左翊卫大将军宇文述等在阌乡击败杨玄感，将其杀死。玄感余党全部被平定。癸卯日，吴地人朱燮、晋陵人管崇聚集十万余人，自称将军，抢掠江南。甲辰日，规定骁果骑士家庭免除赋税徭役。丁未日，命令郡县城离开道路超过五里的，都迁往道旁。戊申日，规定凡盗贼其家庭财产没收入官。乙卯日，盗贼头目陈瑱等率三万余人攻下信安郡。

九月己卯日，济阴人吴海流、东海人彭孝才一齐起兵作盗贼，人数达数万。庚辰日，盗贼头目梁慧尚率四万人攻下苍梧郡。甲午日，炀帝车驾驻扎上谷，由于供应不足，炀帝大怒，罢免太守虞荷等人的官职。丁酉日，东阳人李三儿、向但子兴兵作乱，人数达一万余。

闰月己巳，炀帝到博陵。庚午日，炀帝对侍从官员说："我从前跟随先帝在此地盘桓，年刚八岁，日月如梭，不觉已经三十年，追忆往昔生活，一去不复返了。"话未说完，呜咽流泪，侍卫人员也流泪，眼泪沾湿衣裳。

冬十月丁丑日，盗贼头目吕明星率数千人包围东郡。武贲郎将费青奴迎击，将其杀死。乙酉日，诏书说："博陵从前是定州，地处交通要道，是先皇出任官职的基地，皇统教化源远流长，所以道高于周之豳风，义高于舜之姚邑。我巡视黎民，来到此地，瞻望城乡，缅怀先人，充满敬意，就想传播宣扬先人的福泽恩德，广泛地施给下层人民。应取一崇高的名号，以发扬光大先人的功业，可把博陵改为高阳郡。赦免境内死罪以下囚犯。百姓免除一年赋税徭役。"于是召来高祖时候的旧官吏，根据其才能授予官职。壬辰日，任命纳言苏威为开府仪同三司。朱燮、管崇推出刘元进当皇帝。派将军吐万绪、鱼俱罗讨伐，接连几年不能平定。齐地人孟让、王薄等十余万人占据长白山，攻打抢劫各郡。清河盗贼张金称等数万人，渤海盗贼头目格谦自称燕王，孙宣雅自称齐王，人数各有十万，崤山以东地区都受到骚扰。丁亥日，任命右候卫将军郭荣为右候卫大将军。

十二月甲申日，把杨玄感弟弟朝请大夫积善以及党徒十余人车裂，尸体焚烧后随风扬散。丁亥日，扶风人向海明起兵谋反，自称皇帝，年号为白乌。派遣太仆卿杨义臣前往攻打，平定了他。

二月辛未日，命令百官商议讨伐高丽，接连几天没人敢发言。戊子日，诏书说："战士尽力为国服役，献身战争，都是因为深明大义，忠诚勤劳，丧命于草莽，弃尸于原野，每每想起，心中充满悲伤。往年兴师问罪，将到辽海之滨，计谋深远，进退都有安排。但是杨谅凶恶昏愦，不懂军事，高颎固执偏狭，有勇无谋，率领三军犹如儿戏，视人命如草芥，不遵守已定之计，招致失败，使战士大批死亡，不及埋藏。现在应派人分头收葬，在辽西郡建一所道场，祭祀亡灵。让恩德施于九泉之下，消除穷鬼的冤屈，恩泽加于枯骨之上，以弘扬仁者的恩德。"
辛卯日，诏书说：

　　黄帝进行五十二次战斗，商汤进行二十七次征伐，然后才恩德遍施诸侯，号令行于天下。卢芳不过小盗一名，汉高祖还亲自征战；隗嚣不过是复燃的死灰，光武帝还亲自赴陇西讨伐；难道不是想铲除强暴制止战乱，先劳苦而后安逸吗！

　　登上皇位，治理天下，日月照到的地方，风雨淋到的地方，谁不是我的臣民？谁又能独不受教化？高丽，居于偏远荒僻之地，气焰嚣张，态度傲慢，抢掠我边境，侵略我城镇。因此去年出动大军，到辽东、碣石问罪，在玄菟杀死长蛇，在襄平屠戮封豕。扶余各路兵马，风驰电掣，追奔逐北，越过踰次水。大海舟船，直捣贼人心脏，焚烧其城池，毁坏其宫殿。高元用泥涂首，伏在刀下，到军营前请罪，接着又请求进京朝见，到司法部门投案，我准许他改过，就下令班师回朝。不料他竟怙恶不悛，真是贪图安逸反遭毒害，是可忍，孰不可忍！可命令六军，后分百路，一齐进发。我亲自出征，监领各军，在丸都喂马，在辽水观兵，顺应天意在海外诛杀凶顽，拯救苦难的穷苦百姓。用征伐来匡救时弊，用明德来诛杀坏人，只除首恶，胁从不问。如果有人认识生死的区别，明白安危的关键，胖然悔悟，自然能够获得福泽；如果一定要共同作恶，抗拒我朝大军，如同烈火燎原，格杀无赦。有关官府要趁便宣布此意。

　　丁酉日，扶风人唐弼起兵谋反，人数有十万，推李弘做皇帝，自称唐王。三月壬子日，炀帝到涿郡。癸亥日，住在临渝

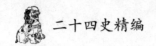

宫，炀帝身穿军服，对黄帝进行羑祭，杀死叛逃军人衅鼓。

夏四月辛未日，鼓城贼人张大彪聚集数万人，屯守悬薄山为强盗。派遣榆林太守董纯去攻打，杀死了他。甲午日，车驾驻扎北平。五月庚子日，命令各郡推举孝悌、廉洁的人各十名。壬寅日，盗贼头目宋世谟攻下琅邪郡。庚申日，延安人刘迦论起兵谋反，自称皇王，年号是大世。

六月辛未日，盗贼头目郑文雅、林宝护等三万人，攻下建安郡。太守杨景祥战死。秋七月癸丑日，炀帝车驾驻扎怀远镇。乙卯日，曹国派遣使臣贡献土产。甲子日，高丽派遣使臣请求投降，把斛斯政囚禁送来，炀帝十分高兴。

八月己巳日，班师回朝。十一月丙申日，在金光门外肢解了斛斯政。乙巳日，在南郊祭祀。己酉日，盗贼头目司马长安攻破长平郡。乙卯日，离石胡刘苗王起兵谋反，自称天子，让他弟弟六儿做永安王，人数达数万。将军潘长文前往讨伐，不能战胜。这月，盗贼头目王德仁聚集数万人驻守林虑山做强盗。

十二月壬申日，炀帝去东都。这一天，大赦天下。戊子日，进入东都。庚寅日，盗贼头目孟让率十余万人占据都梁宫。派遣江都郡丞王世充打败了他，把他的部众全部俘虏了。

大业十一年春正月甲午日初一，设盛大宴席宴请百官。各国都派遣使臣朝见进贡。戊戌日，武贲郎将高建毗在齐郡打败盗贼头目颜宣政，俘虏数千名男女。乙卯日，大会蛮夷各国，表演幻术戏乐，按不同等级进行赏赐。

二月戊辰日，盗贼头目杨仲绪率一万余人攻打北平，滑公李景击败并斩杀了他。庚午日，诏书说："设置险关保卫国家，前代经典早有著录；牢固防守以御强暴，事情将载入史册流传后世。这样做的目的在于定国安邦，禁止奸邪，巩固根基。但近年战争，居民流散，田地荒芜，城廓破坏，使游手好闲的人增加，而盗匪骚扰不停。如今天下平定，海内安乐，应该让人全部住进城中，就近拨给土地，使得强弱互相包容，徭役相互援助，小偷无法行窃，强盗无法聚集。有关官府详细开列条目，务必让百姓各得其所。"丙子日，上谷人王须拔造反，自称漫天王，国号为燕；盗贼头目魏刁儿自称历山飞，人数都达到十余万，向北勾结突厥，向南侵略赵地。

五月丁酉日，杀死右骁卫大将军、光禄大夫、郕公李浑，将作监、光禄大夫李敏、并且灭掉二人家族。癸卯日，盗贼头目司马长安攻下西河郡。乙酉日，炀帝到太原，在汾阳宫避暑。

秋七月己亥日，淮南人张起绪起兵谋反，人数达三万。

八月乙丑日，炀帝巡视北部边塞。戊辰日，突厥始毕可汗计划率领数十万骑兵袭击炀帝车驾，义成公主派使者告知。壬申日，车驾奔到雁门。癸酉日，突厥包围雁门城，官军屡战屡败。炀帝十分恐惧，想率领精兵突围出城，民部尚书樊子盖坚决劝阻，没突围。齐王暕率后军守崞县。甲申日，命令全国各

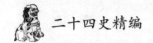

郡召募军队，于是各郡太守、县令纷纷前来救驾。

九月甲辰日，突厥解围回去。丁未日，因特殊情况赦免太原、雁门郡死罪以下囚徒。冬十月壬戌日，炀帝到东都。丁卯日，鼓城人魏骐骦聚集一万余人作强盗，侵犯鲁郡。壬申日，盗贼头目卢明月聚集十余万人侵犯陈、汝地区。东海盗贼头目李子通率部众渡过淮河，自称楚王，年号为明政，侵犯江都。

十一月乙卯日，盗贼头目王须拔攻下高阳郡。十二月庚辰日，命令民部尚书樊子盖征发关中士兵，讨伐绛郡盗贼敬盘陀、柴保昌等，打了一年也没能平定。谯郡人朱粲率数十万部众侵犯荆襄，妄称楚帝，年号为昌达。汉南各郡大多被他攻下。

大业十二年春正月甲午日，雁门人翟松柏在灵丘起兵，人数达到数万，辗转进攻附近县城。

夏四月丁巳，显阳门发生火灾。癸亥日，魏刁儿部将甄翟儿又自称历山飞，部众达十万，辗转进攻太原。将军潘长文讨伐，反被打败，长文战死。

秋七月甲子日，炀帝到江都宫，让越王侗、光禄大夫段达、太府卿元文都、检校民部尚书韦津、右武卫将军皇甫无逸、右司郎卢楚等留守总管政事。奉信郎崔民象因盗贼充斥，在建国门上奏章，劝谏说外出巡视不合适。炀帝大怒，先卸下他的面颊，然后杀死他。戊辰日，冯翊人孙华自称总管，起兵谋兵。高凉通守洗珤彻兴兵作乱，岭南各溪洞多数响应。炀帝车驾驻扎汜水，奉信郎王爱仁因为盗贼一天天厉害，劝谏炀帝回西京。炀帝生气，杀死他，然后继续走。

八月乙巳日，贼帅赵万海率数十万部众，从恒山进犯高阳。九月丁酉日，东海人杜扬州、沈觅敌等谋反，人数达数万。右御卫将军陈棱击败他们。戊午日，有两颗枉矢星，从北斗星魁星中出来，弯弯曲曲地流入南斗星。壬戌日，安定人荔非世雄杀死临泾县令，起兵谋反，自称将军。

十二月癸未，鄱阳盗贼操天成起兵造反，自称元兴王，年与为始兴，攻下豫章郡。乙酉日，任命右翊卫大将军来护儿为开府仪同三司、行左翊卫大将军。鄱阳人林士弘自称皇帝，国号称楚，年号为太平，攻下九江、庐陵郡。唐公李渊在西河打败甄翟儿，俘虏数千名男女。

大业十三年春正月壬子日，齐郡盗贼头目杜伏威率领部众渡过淮河，攻下历阳郡。丙辰日，勃海盗贼窦建德在河间乐寿地方设坛，自称长乐王，年号为丁丑。辛巳日，盗贼头目徐圆郎率数千部众攻下东平郡，弘化人刘企成聚集一万余人作强盗，附近郡县都受他的害。

二月壬午日，朔方人梁师都杀死郡丞唐世宗，占领朔方郡谋反，自称大丞相。派银青光禄大夫张世隆攻打，反而落败。戊子日，盗贼头目王子英攻下上谷郡。己丑日，马邑校尉刘武周杀死太守王仁恭，兴兵谋反，向北勾结突厥，自称定阳可汗。

庚寅日，盗贼头目李密、翟让等攻下兴洛仓。越王侗派遣武贲郎将刘长恭、光禄少卿房缧攻打，反被他们打败，士兵战死十分之五六。庚子日，李密自称魏公，改年号，称元年，打开粮仓赈济众盗贼，人数达到数十万，黄河以南各郡相继失陷。壬寅日，刘武周在桑乾镇打败武贲郎将王智辩，王智辩战死。

三月戊午日，庐江人张子路起兵谋反，派右御卫将军陈棱讨伐平定了他。丁丑日，盗贼头目李通德率十万部众进犯庐江，左屯卫将军张镇州打败了他。

夏四月癸未日，金城校尉薛举率部众谋反，自称西秦霸王，年号为秦兴，攻下陇右各郡。己丑日，盗贼头目孟让夜晚进入东都外城，烧毁丰都市然后离去。癸巳日，李密攻下回洛东仓。丁酉日，盗贼头目房宪伯攻下汝阴郡。这月，光禄大夫裴仁基、淮阳太守赵佗等都率众背叛，投奔李密。

五月辛酉日。甲子日，唐公在太原起义。丙寅日，数千名突厥人侵犯太原，唐公打败了他们。秋七月壬子日，火星守在积尸星旁。丙辰日，武威人李轨起兵谋反，攻下河西各郡，自称凉王，年号是安乐。

八月辛巳日，唐公在霍邑打败武牙郎将宋老生，杀死了他。九月己丑日，炀帝搜括江都少女和寡妇，匹配给随军士兵。这月，武阳郡丞元宝藏率全郡造反，投奔李密，和盗贼头目李文相一起攻下黎阳仓。

冬十月丁亥日，太原杨世洛聚集一万多人，抢劫城乡。丙申日，罗县县令萧铣率全县谋反，鄱阳人董景珍率全郡谋反，董到罗县迎接萧铣，号称梁王，攻下邻近的郡。戊戌日，武贲郎将高毗在嵫山打败济北郡盗贼甄宝车。

十一月丙辰日，唐公进入京师。辛酉日，把炀帝遥尊为太上皇，立代王侑为皇帝，改年号为义宁。

义宁二年三月，右屯卫将军于文化及，武贲郎将司马德戡、元礼，监门直阁裴虔通，将作少监宇文智及，武勇郎将赵行枢，鹰扬郎将孟京，内史舍人元敏，符玺郎李覆、牛方裕，千牛左右李孝本及其弟李质，直长许弘仁、薛世良，城门郎唐奉义，医正张恺等人，率骁果骑士造反，进入宫廷。炀帝在温室去世，享年五十岁。萧后命宫女撤去床席作棺材，埋葬了炀帝。宇文化及发掘出来，右御卫将军陈棱从成象殿护送灵柩，埋葬在吴公台下。开棺入敛时，炀帝面容就象活人一样，大家都很惊奇，大唐平定江南以后，改葬炀帝到雷塘。

原先，炀帝因为是诸侯王，按继承顺序不应做皇帝，所以常常虚情假意装正经，沽名钓誉，阴谋夺取皇位。那时高祖十分信任文献皇后，而生性忌恨妃妾。皇太子杨勇内宫有很多宠爱的妾，因此高祖不喜欢他。炀帝时对妾生的儿子，一概不抚养，表示不宠爱妾，以此讨好文献皇后。对掌权的大臣，炀帝全力交往。宫中使臣到炀帝家，不论地位高低，炀帝都竭力讨好，厚礼相待。宫中奴仆往来炀帝家中的，无不称赞炀帝仁义孝顺。炀帝又常常私自进入宫中，和文献皇后密谋策划，杨素等人趁机煽动，终于废除太子杨勇，立炀帝为太子。从高祖病危至去世，在居丧期中炀帝就纵情淫乐，高祖陵墓一修成，炀帝更四处巡游。因天下长期安定，兵马强盛，炀帝赞叹羡慕秦始皇、汉武帝的功业，就大量地兴建宫殿，极端豪华，召募使者，出使到偏远国家。异族国家来朝见的，都送给很厚的礼，取钱财，大量购置军马，每匹马价值十余万，富户十之八九都因之而破产。炀帝生性诡诈，所到的地方，不想让人知道。每去一个地方，总是要在几条路上设置安歇地点，准备山珍海味、水陆珍品，为购买这些东西，多远的地方都去到了。郡县的官吏，竞相进献食物，进献丰富的提拔，进献贫乏的有罪。贪官污吏鱼肉百姓，朝廷和地方国库空虚，按人头向百姓征税，弄得民不聊生。那时国家军事、政治事务繁忙，而炀帝骄傲懒惰，不愿过问政务，百姓冤屈无处申诉，奏报的事情很少得到裁决。炀帝又猜疑臣子，用人不专，朝廷大臣有不合心意的，一定罗织罪名诛灭九族。高颎、贺若弼是先皇的心腹，为先皇运筹帷幄，张衡、李金才是炀帝做诸侯王时的旧臣，满腹经纶，有的因为正直而遭炀帝厌恶，有的因为发表正确的意见而激怒炀帝，都被加上莫须有的罪名，加以诛杀。其余的人，事奉君王尽力符合礼仪、正直勤恳、没有罪过而横遭杀害的，数不胜数。政治紊乱，贿赂公行，无人敢发表正确的意见，人们在路上用目光表示不满。军队连年作战，各种劳役频繁征调，服役的人不能回家，留在家里的人失去工作。饥荒严重，以至于出现人吃人现象，村庄变成废墟。而炀帝并不体恤民情，东西游玩，常常因为供给不足，提前提收取数年的赋税。每到一地，只是沉湎于和后宫妃妾淫乐，从早到晚犹觉不足。招进一些老年妇女，早晚说一些淫秽的话，又引进少年，命令他们和宫女发生关系，以此取乐。全国盗贼风起云涌，抢劫官府，攻打城乡，屠杀百姓。朝廷大臣隐瞒欺骗，不据实奏报盗贼的人数。有人说盗贼很多，总要被大加训斥，于是各自求得平安。上下欺骗。出兵作战，不断地吃败仗，士兵死的死逃的逃。尽力作战的士兵，没有丝毫奖赏，无罪的百姓，尽遭涂炭。黎民百姓愤恨抱怨，天下土崩瓦解，以至于被人逮捕之后还不明白是什么原因。

旧

唐

书

《旧唐书》概论

　　《旧唐书》是五代时期官修的一部纪传体唐史。该书完成于五代后晋开运二年（945）至宋代欧阳修、宋祁等新撰的《唐书》问世，为了区别两者，故称此书为《旧唐书》，而称新撰的《唐书》为《新唐书》。

—

　　唐代立国不久，为了借鉴前朝历代治理天下的经验、教训，颇为重视历史的研究与撰修。在太宗李世民时期，就在修撰前代历史的同时，开始了本朝历史即"国史"的史料积累和史书编纂工作。在随后的二百多年间，唐代政府对本朝历史的编纂，积累了大量的史

231

料：首先，历代皇帝实录。唐代的皇帝实录，起自太宗命房玄龄"撰录"。房玄龄"删略"高祖李渊、太宗李世民的起居注为编年体，撰成高祖、太宗实录各二十卷，开始了一位皇帝一部实录的编纂。据统计，唐代共修成皇帝实录二十六部，另外，唐代大量的官修国史，唐人私撰唐史，唐人私人其他著述文字都对编纂《旧唐书》也起到重要作用。

有唐一代留下了大量的本朝史料，这些为后来撰修《旧唐书》作好了一定的资料准备。不过，总体来看，自宣宗以后，即宣、懿、僖、昭及昭宣帝这五代皇帝时期的史料，因唐末五代社会大动乱而颇为阙遗，其"简籍遗落，旧事十无三四"，故令纂修者"吮墨挥翰，有所慊然"。正因有此，所以整部《旧唐书》自宣宗而下，不仅编纂工作难度特大，且所叙内容之质量比较以往各帝大为逊色。

二

《旧唐书》编纂于五代时期的后梁、后唐、后晋三朝。其编纂历程大致经历了史料的搜集和史书的纂修两大阶段。

早在后梁末帝朱瑱镇龙德元年（921），史馆宰臣即奏请末帝下制正式搜集唐代史料。两年后（即公元923年），后梁亡国，但史料搜求征集工作在后唐时期并未中断。

后唐明宗天成元年（926），都宫郎中庾传美被任命为三川搜访图籍使，专程前往蜀地收集到自唐高祖至代宗九代皇帝的实录及杂书千多卷。这九帝实录对当时后唐史馆"煨烬无几"的唐代史料来说，"甚济其阙"。明宗长兴二年（931），崔悦核奏请"特命购求"唐宣宗以下数朝野史，得到了明宗的准可。第二年五月，史馆又奏请加紧收集"四朝"史料，并特地要求对两浙、福建、湖广等地颁行诏旨，加紧"采访宣宗、懿宗、僖宗、昭宗以上四朝野史"，以及"逐朝日历、除目、银台事宜、内外制词、百司沿革、簿籍"等史料。与之同时，史馆工作官吏也在准备着纂修工作。但一年后，明宗去世，越两年，后唐亡国。

在后梁、后唐两朝史官的积极搜求下，在史馆所收集的史料中，"唐高祖至代宗已有纪传，德宗至文宗亦存实录；武宗至济阴废帝，凡六代，唯有《武宗实录》

一卷，余皆阙略"（《册府元龟》卷五百五十七《采撰三》）。可见唐代后期尤其唐末史料仍然缺乏颇甚。故此后晋立国后，一方面着手唐史的撰修，一方面同时加紧对唐代史料的继续搜求。后晋天福六年（941），石敬瑭诏令张昭远、贾纬、赵熙、郑受益及李为光（一作先）等人"修撰唐史"，令宰臣赵莹监修。一个多月后，贾纬因母亡归家守丧，赵莹又奏请吕琦、尹拙等同修。在此之际，赵莹再次奏请下诏购求唐朝史料，并提出了完整的修史计划，即"只叙本纪、列传、十志"，其中"本纪以纲帝业，列传以述功臣，十志以书刑政"。后来《旧唐书》的成型，基本按照这一计划实行。

综观整部《旧唐书》的编纂，参与其事者有下述诸人：

监修赵莹（885～951），字玄辉，华阴人。曾于后唐明宗时随石敬瑭掌管府内文翰。天福元年后晋政权建立后，他被任为翰林学士承旨、户部侍郎、知河东军事府，不久即升为门下侍郎、同中书门下平章事，监修国史。天福六年（941），他奉诏监修唐史。他于《旧唐书》的编纂，虽然未竟其业，但贡献颇著，《旧五代史

·赵莹传》记曰:"监修国史日,以唐代故事残缺,署能者居职,纂补实录及修正史二百卷行于时,莹首有力焉。"

监修桑维翰(898～946),字国侨,洛阳人。曾为石敬塘掌书记,后晋立国,他被授为翰林学士、礼部侍郎、知枢密院事。不久即改为中书侍郎、同中书门下平章事、集贤殿大学士,充枢密院使,后累有升迁,官至检校太傅,封爵魏国公。天福八年(943),受命监修国史,其间兼管唐史的监修工作。

监修刘昫(888～947),字耀远,涿州归义(今河北容城东北)人。后唐明宗长兴四年(933),他自端明殿学士拜相,为中书侍郎兼刑部尚书、同中书门下平章事。末帝清泰元年(934),兼判三司,加吏部尚书、门下侍郎,始监修国史,两年后离史任。后八年,他复判三司,监修国史。在《旧唐史》的定稿时期,他起过一定的作用,故当《旧唐书》撰成后,由他领衔上奏。

在上述三任监修外,参加《旧唐书》编纂的人员尚有张昭远、贾纬、赵熙、王伸、吕琦、尹拙、崔棁、郑受益、李为光等九人。其中张昭远是五代时期著述最

富的一位史学家，先后著述有：注《十代兴亡论》，撰
《唐庄宗实录》三十卷及后唐庄宗祖上三代《纪年录》
二十卷，撰《武皇以来功臣列传》三十卷，预修《唐
明宗实录》三十卷，撰《唐朝君臣正论》二十五卷，
入宋后又撰《周太祖实录》三十卷及《唐闵帝实录》
三卷、《唐废帝实录》十七卷等。他于后晋天福六年
（941）奉诏修唐史，并负责“史院”工作。在《旧唐
书》纂修过程中，他是出力最多的一位编修人员，赵
莹制定的规划和体例，均由他协助完事。故书成上奏
后，他被“加紫金阶，进爵邑”。贾纬是另一出力较多
的编修人员。他在奉诏修唐史之前即已编成《唐年补
遗录》六十五卷，此书编成受到最高统治者的“嘉叹”
和赏赐。他于《旧唐书》的主要贡献，在于《唐年补
遗录》提供了唐武宗以后的很多珍贵史料。

三

　　现行《旧唐书》为二百卷，其中本纪二十卷、志
三十卷、列传一百五十卷。由于资料来源等因素的影
响，该书从整体上看，是前详后略、前密后疏。概而观

之，代宗以前有韦述等《唐书》一百三十卷为基础，记叙比较详细有条理；德宗至武宗只有实录作为主要资料来源，记叙则剪裁不够；宣宗之后因无实录可依，仅靠搜访遗文和耆旧传言，故抵牾、遗漏、谬误之处甚多。这种状况，本纪、志、列传都有不同程度的反映。

《旧唐书》的本纪部分，计二十卷约三十万字。其中高祖至代宗本纪，基本抄录于吴兢、韦述等《唐书》的本纪部分。值得注意的是，他们为中国历史上唯一的女皇帝武则天同样作了本纪。德宗至文宗本纪，根据相关实录增削而成，且哪位皇帝的实录卷数多，则其本纪篇幅也相应较大，反之则较小。武宗以下诸帝本纪，大体采用贾纬的《唐年补遗录》，其中宣、懿、僖三宗本纪因史料不足故甚为粗疏，而昭宗与哀帝本纪因五代距其时甚为密切，资料采集较多，故记叙稍详。在本纪分卷方面，《旧唐书》并无统一标准，或则独自为篇，各为一卷，如高祖、武后、肃宗、代宗、穆宗；或则同一皇帝本纪分为上、下两篇，如太宗、高宗、玄宗、德宗；或则两人合篇为一卷，如中宗与睿宗；或则将同一人分作上、下两篇，但又将其拆开分卷，如宪宗本纪为上、下篇，上篇与顺宗合为一卷，下篇又单独成卷，文宗亦为上、下篇，上篇与敬宗合为卷十七上，下篇独自为卷十七下；或则各自为篇但又合而为卷，如武宗以下各帝即是。这种情况在列传中也有反映，故此人们在统计《旧唐书》的卷数、篇目时，往往出现歧误。

《旧唐书》成书以后，计为十一志，共三十卷。其中：《礼乐志》七卷，其内容记高祖至玄宗之礼仪甚详，肃宗、代宗时近二十事，德宗、顺宗、宪宗、穆宗、敬宗、文宗及武宗七代礼仪约五十事，宣帝以降五帝礼仪仅五事。《音乐志》四卷，同样以玄宗以前为详，肃、代以后渐至减少，自穆宗以降，有的仅存乐名，有的连乐名也不见载。《历志》三卷，主要记录高祖时的《戊寅历》、高宗时的《麟德历》和玄宗时的《大衍历》，对玄宗以后的《至德历》（肃宗朝）、《五纪历》（代宗朝）、《正元历》（德宗朝）、《观象历》（宪宗朝）等虽然提及，但都"略而不载"。《天文志》二卷，有的只记玄宗以前的内容，如"黄道游仪"制度等，有的则记至武宗时为止，如"灾异编年"，宣宗以后的内容，该志没有多少反映。《五行志》一卷，所记事例分别断至武宗"会昌"年间、宣宗"大中"年间和昭宗"大顺"年间。《地理志》四卷，所叙内容，宪宗元和年间之后大多"莫可详知"，间或有叙述至宣宗时期的文字。《职官志》三卷，以《唐六典》为基础，依据代宗永泰二年官品为基准，叙述职官沿革，代宗以后，以德宗一朝的变革补入较多，宣宗以后，有关职官略有记录。《舆服志》一卷，基本上以玄宗时期为下限。《经籍志》四卷，仅收开元（玄宗年号）时期，即"据开元经籍为之志"，天宝（亦为玄宗年号）以后的撰著，虽说时人"多有撰述"，但"以后出之书"，故编纂者"不欲杂其本部"，"此并不录"，一概归附各人本传之中。《食货志》二卷，与其他各志"前详后略"的特点有所不同，除了田制、租庸调制，其他的内容反倒以代宗至宣宗时期详于玄宗及其以往。《刑法志》一卷，基本上表现为一部唐代修定刑律的编年记录，武宗以前于修定律令格式外，尚涉及到刑狱的具体内容，而叙及宣宗，仅记大中年间所修刑法书名，其内容则不著一字。总体来看，"志"这一部分，突破了赵莹等人最初拟定的框架，尤其《食货志》对后世修史影响较大。《食货志》的序文与正文之间的照应史的撰写提供了样板。虽则如此，"志"这一部分除《食货志》外，依然表现出前详后略的特征。

　　《旧唐书》的"列传"，除去重复人物外，包括附传人物共计列传一千八百二十多人，此外尚为周边政权四十五人作传。这众多人物列传，一是主要取材于吴兢、韦述的《唐书》。凡《唐书》有传者，《旧唐书》即以其为基础，或直接抄录，或略加删改。故此人们从《旧唐书》的列传中，常见有"史臣韦述曰"的字样。二是韦述《唐书》之后的人物，大多根据实录的内容来剪裁编排，有的则整个人物传记照实录全文移至《旧唐书》，或补充《旧唐书》。三是《唐书》与实录均无记述的人物，全靠编纂者们对史料的搜集功夫了。其材料来源之途径颇为繁杂，诸如家史、家谱、杂史、小说、文集、口传等。整体而论，《旧唐书》列传这一部分，所收人物极为广泛，且对一些人物（包括"本纪"中的人物）的论、赞，颇有"极佳者"（李慈铭《越缦堂读书记·旧唐书》）。在人物取材方面，从吴兢、韦述《唐书》中所得材料甚多，故此后人在刊行《旧唐书》时特地强调了吴兢、韦述、令狐峘三人在"作唐史"方面的历史功绩（参见杨循吉《重刻〈旧唐书〉序》）。

　　天福六年赵莹受命监修《旧唐书》，表示了自己主持这一工作的指导思想，即"褒贬或从于新意，纂修须按于旧章"（《五代会要》卷十八《前代史》）。这一思想主张在整部《旧唐史》中亦有明确的反映。

依据"褒贬或从于新意"这一编纂原则，《旧唐书》在叙述某些藩镇建立的割据政权时，采取了"存在者即是合理者"的默认态度。在记叙唐代藩镇时，不是以类传的形式将它们放在一处，而是依地域和时间分散于列传之中，在对它们的评述时，也没有严加指责它们为唐朝灭亡的祸根，而是着意于当时社会客观形势的分析，指出造成这种局面的历史原因及历史教训。在唐代后期的几位皇帝的"本纪"中，也主要从"人君失政"上去找原因，承认"逆取"的历史客观存在。究其原因，因为五代的几朝政权，均由唐朝晚期藩镇割据发展而成。被历史上称为"儿皇帝"的后晋高祖石敬塘，本身亦起家于割据的藩镇，故此《旧唐书》的前后监修及编撰人员，自然不会说出与时代"反动"的话。也正因有此，《旧唐书》在"忠义"与"叛逆"的评判上，也与其他各正史有所不同。在评判忠义之臣时，他们并不突出效忠一国一君的精神，而是强调"若立纯诚，遇明主，一心可事百君"；在论断叛逆之

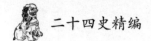

人时，甚至大恶如安禄山、史思明之类，也谨慎地不冠以"叛逆"之名，只是将他们置于全书之末。这种处置显示出编纂者们的"谨慎"。

所谓"纂修须按于旧章"，是在编纂过程中，全书并无一以贯之的评论口径，而是依据所引用资料的作者们的观点来说明问题，即大多依当时的"后人"对"前事"的看法来叙述和评论。大致说来，论述高祖一朝的史事，主要沿用太宗时期的观点；论述太宗至睿宗等朝的史事，大多采用玄宗尤其是前期的看法；论述玄宗至顺宗等朝的史事，又以宪宗时期的观点为主；论述宪宗至武宗等朝的史事，一般依据宣宗、懿宗时的看法；宣宗以后等朝的史事，在论述时又以五代的观点来评说了。

四

对于《旧唐书》，史家屡屡指出其史料之价值。该书编成后不及两年，后晋亡国，所以它在对唐代史料的汇集和保存方面，具有重要的意义。司马光在编修《资治通鉴》时，即看到了它的史料价值，对唐代史事的叙述即取材此书而不用《新唐书》。然而，这本史学著作问世后，受到了长期冷遇。

早在宋代，人们就批评《旧唐书》的纂修"纪次无法"，认为此书"不可以垂劝戒、示久远"，故此宋代又重新编写了一部唐史（即《新唐书》）。宋人所编的《新唐书》问世后，《旧唐书》渐至被世人束之高阁而几不问津。

到了清朝初年，人们开始重新认识和评价《旧唐书》。顾炎武对此书曾作过客观的评价，认为此书的缺点是"颇涉繁芜"，长处是"事迹明白，首尾该瞻，不用《新唐书》"亦自可观"。到乾隆四年（1739），《旧唐书》终于被列为"正史"——"二十五史"，并以闻人诠刻本为底本重刊于武英殿，是为"殿本"。至咸丰、同治、光绪时，又相继屡有刻本。现行的《旧唐书》（中华书局点校本），即参校了前人的诸种刻本，以及前人对该书的考订成果，并作了标点工作，成为目前最为通行的版本。

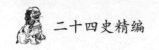

政 略

魏征谏止封禅

　　时公卿大臣并请封禅①，唯征以为不可。太宗曰："朕欲卿极言之。岂功不高耶？德不厚耶？诸夏②未治安耶？远夷不慕义耶？嘉瑞③不至耶？年谷不登耶？何为而不可？"对曰："陛下功则高矣，而民未怀惠；德虽厚矣，而泽未滂流；诸夏虽安，未足以供事；远夷慕义，无以供其求；符瑞虽臻，羁罗④犹密；积岁丰稔，仓廪尚虚，此臣所以窃谓未可。臣未能远譬，且借喻于人。今有人十年长患瘵⑤，治且愈，此人虽皮骨仅存，便欲使负米一石，日行百里，必不可得。隋氏之乱，非止十年，陛下为之良医，疾苦虽已乂安⑥，未甚充实，告成天地，臣窃有疑。且陛下东封⑦，万国咸萃，要荒⑧之外，莫不奔走。今自伊、洛⑨以东，暨乎海岱⑩，灌莽臣泽，苍茫千里，人烟断绝，鸡犬不闻，道路萧条，进退艰阻，岂可引彼夷狄，以示虚弱？竭财以赏，未厌远人之望；重加给复，不偿百姓之劳。或遇水旱之灾，风雨之变，庸夫横议，悔不可追。岂独臣之恳诚，亦有舆人⑪之诵。"太宗不能夺。

（《旧唐书·魏征传》）

【注释】

①封禅：帝王祭天地的典礼。在泰山上筑土为坛祭天，报天之功，称封；在泰山下梁父山上辟场祭地，称禅。②诸夏：指中国。原指周代分封的诸侯国。③嘉瑞：上天所显示的吉兆。④罻（wèi）罗：捕鸟网。比喻法网。⑤瘵（zhài）：病。⑥乂安：太平无事。乂，（yì 意），治理。⑦东封：东封泰山。⑧要荒：古称离王城外极远的地方。⑨伊、洛：伊水与洛水。也指该两流域地区。⑩海岱：指东海与泰山间地。⑪舆人：本指造车工人，此指众人。

【译文】

当时公卿大臣都请求到泰山祭祀天地，只有魏征认为不行。唐太宗说："我希望您说清理由。难道我的功劳不高吗？德泽不深厚吗？国家不安定吗？远方异族不仰慕正道吗？祥兆不曾降临吗？五谷没有丰收吗？为什么不能封禅呢？"魏征对唐太宗说："陛下的功劳虽然很高，但人民并没有感激您的恩惠；德泽虽然深厚，但并未普及天下；国家虽然安定，但还不足以供给大事之需；远方各族虽然仰慕正道，但朝廷还不能满足他们的要求；上天虽然显示了吉兆，但国家的法网仍不很严密；虽然庄稼连年丰收，但粮仓中还很空虚，这就是我认为不能封禅的原因。我不能用远处的事来比喻，姑且用人为喻。假如现在有个人患了十年的病，快要治好了。这个人已经瘦弱得皮包骨了，却想让他背起一石米，日行百里，根本就难办到。隋朝的动乱，还不止十年。陛下作为乱世的良医，疾苦虽已治理平复，但国家还不十分富裕。现在就向天地报告功业成就，我是心存疑问的。况且陛下东封泰山，万方都来聚集，边远地区，也没有不为之奔走的。如今从伊水、洛水以东直到东海之滨，原野大泽，旷远开阔，绵延千里，人烟稀少，鸡犬之声不闻，道路寂寥，行进充满艰难险阻，怎么能在异族面前表明自己的虚弱呢？即使竭尽国家财力而行赏，也不能满足远方之人的愿望；即使更大程度地免除徭役，也不能酬报百姓的劳苦。或者遇到大水灾害，风雨变幻，平庸之人肆意议论，后悔已经来不及了。这不仅仅是我的诚恳之见，也是众的忠告。"唐太宗无法使他改变主张。

魏征谏正国法

十二年，礼部尚书王珪奏言："三品以上遇亲王于涂①，皆降乘，违法申敬，有乖仪准②。"太宗曰："卿辈皆自崇贵，卑我儿子乎？"征③进曰："自古迄兹，亲王班次三公④之下，今三品皆曰天子列卿及八座⑤之长，为王降乘，非王所宜当也。求诸故事，则无可凭；行之于今，又乖国宪⑥。"太宗曰："国家所以立太子者，拟以为君也。然则人之修短，不在老少，设无太子，则母弟次立。以此而言，安得轻我子耶？"征曰："殷家尚质，有兄终弟及之义；自周以降，立嫡必长，所以绝庶孽之窥觎⑦，塞祸乱之源本，有国家者之所深慎。"于是遂可珪奏。会皇孙诞育，召公卿赐宴，太宗谓侍臣曰："贞观以前，从我平定天下，周旋艰险，玄龄之功，无所与让。贞观之后，尽心于我，献纳忠谠⑧，安国利民，犯颜正谏，匡朕之违者，唯魏征而已。古之名臣，何以加也。"

（《旧唐书·魏征传》）

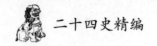

【注释】

①涂：通"途"。②仪准：礼法规矩。③征：即魏征（公元580—643年），历官太子洗马，詹事主簿，谏议大夫，秘书监。④三公：辅佐国君掌握军政大权的最高官员。⑤八座：封建王朝的高级官员。隋唐以六尚书、左右仆射及令为八座。⑥国宪：国家的法制刑律。⑦"所以"句：庶孽，妾生之子。窥觎：暗中希求。⑧忠谠：忠诚正直之言。

【译文】

贞观十二年，礼部尚书王珪上奏道："三品以上的官员路遇亲王，都要下马而拜，以表示尊敬，这与礼法规矩是相违背的。"唐太宗说："难道你们这些人只顾自己的尊贵，而轻视我的儿子吗？"魏征进谏道："古往今来，亲王的品位列于三公之下，如今三品官员都说位列九卿八座的高官，为亲王下马礼拜，这不是亲王所适宜承受的。考究古代史实，找不出凭证；而今实行这种礼法，又违背国家宪法。"太宗说："国家之所以册立太子，是准备让他继承君位。所以人的地位高低，并不在于年老年少，假使没有太子，那么同母的弟弟就会依次而立为太子，这样看来，怎么能轻视我的儿子呢？"魏征说："殷商时崇尚忠信，有兄长去世弟弟继位的礼义；从周代之后，必定立嫡亲长子为太子，因此杜绝了庶族对王位的不良用心，堵塞了祸乱的本源，为君者务必多加谨慎。"于是太宗准奏。适逢皇孙出生，唐太宗召集公卿宴庆，对他的侍臣说："贞观之前，跟随我平定天下，辗转奔波于艰难险阻之中，房玄龄的功劳，是无人能比的。贞观以后，对我尽心效力，进献忠诚正直的谏言，安国利民，不怕触犯我的威严而正直进谏，纠正我的偏差，只有魏征了。古代名臣的忠信刚直，与魏征比，也无以复加啊。"

太宗评隋文帝

上谓房玄龄、萧瑀曰①："隋文②何等主?"对曰："克己复礼，勤劳思政，每一坐朝，或至日昃③。五品已上，引之论事。宿卫④之人，传餐而食。虽非性体仁明，亦励精之主也。"上曰："公得其一，未知其二。此人性至察而心不明。夫心暗则照有不通，至察则多疑于物。自以欺孤寡得之，谓群下不可信任，事皆自决，虽劳神苦形，未能尽合于理。朝臣既知上意，亦复不敢直言，宰相已下，承受而已。朕意不然。以天下之广，岂可独断一人之虑? 朕方选天下之才，为天下之务，委任责成，各尽其用，庶几⑤于理也。"因令有司："朕敕不便于时，即宜执奏，不得顺旨施行。"

（《旧唐书·太宗本纪》）

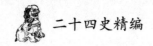

【注释】

①"上谓"句：上，皇上，此处指唐太宗。房玄龄，唐齐州临淄人，名乔（公元578—648年），以字行，尝随唐太宗北伐，在秦府十余年，太宗称帝，为中书令，任宰相15年。萧瑀，初唐大臣，贞观间官至尚书左仆射。②隋文：即隋文帝杨坚（公元541—604年），华阴人，初仕北周，位至相国，袭封隋国公。大定元年废北周，自称帝，建立隋朝，改元开皇。7年灭后梁，9年灭陈，结束东晋以来200余年的分裂战乱局面，统一全国。在位24年。③昃（zè）：太阳偏西。④宿卫：夜间担任皇宫警卫的士兵。⑤庶几（jī）：也许可以。

【译文】

　　唐太宗问房玄龄和萧瑀："隋文帝是个什么样的君主？"回答道："他能克制自己，言行符合礼法，勤虑国家大事，上朝听政，有时到太阳偏西。五品以上的官吏，都召请他们来商讨国事，有时因讨论时间过长，担任夜间警卫的士兵不得不传送食物吃了充饥。尽管他不够仁厚英明，但也不失为励精图治的君王啊。"太宗说："您们只知其一，不知其二。他这人极其明察心里却很不明白，心里不明白他的观察必不正确，过于明察必然多疑。自以为别人都在欺骗自己，认为群臣都不值得信任，凡事都自己裁决，虽然劳神费力，也不可能事事都合理。朝臣既然知道他的旨意，也就不敢坦率地发表意见，自宰相以下，只是顺从皇上的旨意而已。而我的想法不是这样，就凭天下如此广大，怎能由一个人独断专行呢？我正要选拔天下的人才来做好天下的事情，委派给他们任务并督促他们完成，充分发挥他们的作用，或许能将国家治理好。"于是向有关官吏下令："如果我的诏令不合时宜，就应该坚持上奏，不得顺从旨意去做。"

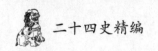

御　人

太宗得敬德

武德三年，太宗讨武周于柏壁①，……敬德与寻相举城来降②。……既而寻相与武周下将皆叛，诸将疑敬德必叛，囚于军中。行台左仆射屈突通、尚书殷开山咸言③："敬德初归国家，情志未附。此人勇健非常，絷之又久，既被猜贰④，怨望必生。留之恐贻后悔，请即杀之。"太宗曰："寡人所见，有异于此。敬德若怀翻背之计，岂在寻相之后耶？"遽命释之，引入卧内，赐以金宝，谓曰："丈夫以意气相期，勿以小疑介意。寡人终不听谗言以害忠良，公宜体之。必应欲去，今以此物相资，表一时共事之情也。"是日，因从猎于榆窠，遇王世充领步骑数万来战。世充骁将单雄信领骑直趋太宗，敬德跃马大呼，横刺雄信坠马。贼徒稍却，敬德翼⑤太宗以出贼围，更率骑兵与世充交战，数合，其众大溃。……太宗谓敬德曰："此众人证公必叛，天诱我意，独保明之，福善有征，何相报之速也。"特赐金银一篚，此后恩眄⑥日隆。

（《旧唐书·尉迟敬德传》）

【注释】

　①"太宗"句：太宗，即唐太宗李世民（公元599—649年），唐高祖李渊次子，在位23年。武周，即刘武周，隋末，依附突厥，占据雁门、楼烦、定襄等郡（在山西省），自称帝，后为李世民击败。柏壁，地名，在今山西省。②"敬德"句：敬德，即尉迟敬德，唐初大将，隋末从刘武周为将，后降唐，从李世民定天下，因功拜为右武侯大将军。寻相，刘武周部将。③"行台"句：行台，在地方临时设置的代表中央的机构。屈突通，唐长安人，仕隋为虎贲郎将，左骁卫大将军。后投唐，高祖时官至兵部尚书，迁行台右仆射、洛州都督。④猜贰：猜疑。贰，有二心。⑤翼：保护。⑥恩眄：恩宠。

【译文】

　武德三年，唐太宗在柏壁征伐刘武周，……尉迟敬德和寻相献城投降了唐军。……不久寻相和刘武周部下的降将都反叛了，太宗部将怀疑尉迟敬德也会反，便将他囚禁行营之中，行台左仆射屈突通和尚书殷开山都说："尉迟敬德刚刚投唐，但他并未真心归附，而且他非常勇猛，囚禁的时间已很长了，既然受到猜疑，必定产生怨恨，留着他恐怕将来要后悔，请立即杀掉他。"太宗说："我认为不是这样，如果敬德有反叛之心，难道会落到寻相的后面吗？于是立刻下令将他释放了，并领他到卧室内，赏给他金银珠宝，对他说："大丈夫凭意气相交，不要把这种小小的猜疑放在心上，我终究不会听信谗言而伤害忠良，您应该体察我的心意。如果您执意要走，现在就用这些财物相助，聊表一时共事之情吧。"这一天，尉迟敬德跟随唐太宗在榆窠打猎，遇到王世充的勇将单雄信率领步兵和骑兵几万人来交战。单雄信率领骑兵径直向太宗冲来，尉迟敬德跃马大呼，冷不防将单雄信刺落马下，敌军慢慢向后退却，尉迟敬德保护太宗突破敌军的包围，又率领骑兵与王世充交战，不到几合，就将敌军击得大败。……太宗对尉迟敬德说："刚才众人都认为您必定反叛，上天开导了我，独自保证您是清白的，行善得福都有验证，您回报是多么迅速啊。"于是太宗专门赏赐给尉迟敬德一箱金银，从此，对他的恩宠也日益增多。

文成公主与松赞干布

贞观十五年，太宗以文成公主妻之，令礼部尚书、江夏郡王道宗主婚，持节送公主于吐蕃①，松赞率其部兵次柏海，亲迎于河源。见道宗，执子婿之礼甚恭。既而叹大国服饰礼仪之美，俯仰有愧沮之色。及与公主归国谓所亲曰："我父祖未有通婚上国者，今我得尚②大唐公主，为幸实多。当为公主筑一城，以夸示后代。"遂筑城邑，立栋宇以居处焉。公主恶其人赭面③，松赞令国中权且罢之，亦自释毡裘，袭纨绮④，渐慕华风。仍遣酋豪子弟，请入国学以习诗、书。又请中国识文之人典其表疏。

（《旧唐书·吐蕃传》）

【注释】

①吐蕃：我国古代少数民族，在今青藏高原，唐时曾建立政权。②尚：娶帝王之女。③赭面：将脸涂成红色的风俗。④纨绮：绫罗绸缎。

【译文】

贞观十五年，唐太宗将文成公主嫁给松赞，令礼部尚书、江夏郡王李道宗主婚，持节护送文成公主到吐蕃。松赞率领他的部队驻扎在柏海，亲自到河源迎亲。见到李道宗，松赞恭恭敬敬地行了子婿之礼。随着赞叹大唐国服饰礼仪的美丽，言行之间显露出愧疚的神色。等到和文成公主回到吐蕃，松赞对他的王族说："我的父祖从来没有与上国通婚的，而今我娶了大唐公主。太幸福了，应当为公主修筑一城，好让后代永远知道这个荣耀。"于是为文成公主建起一座城邑，造房屋作为居室。文成公主不喜欢当地人赭粉涂面的习俗，松赞便下令国中禁止赭面，他自己也脱下毡袍，改穿中原的绫罗绸缎，逐渐仰慕华夏的风俗。松赞又派上层子弟到长安，请求进入国学学习《诗经》和《尚书》。又聘请唐朝的识文之士去掌管他们的表疏。

太宗还高丽女

二十年①，高丽②遣使来谢罪，并献二美女。太宗谓其使曰："归谓尔主，美色者，人之所重，尔之所献，信为美丽。悯其离父母兄弟于本国，留其身而忘其亲，爱其色而伤其心，我不取也。"并还之。

（《旧唐书·东夷传》）

【注释】

①二十年：唐贞观二十年，公元646年。②高丽：朝鲜历史上的王朝（公元918—1392年）。

【译文】

唐贞观二十年，高丽派遣使臣到唐朝来谢罪，同时向唐太宗进献了两名美女。唐太宗对高丽使臣说："回去对你们君主说，美色，是人们所崇尚的，你所进献的女子，确实美丽。我同情她们远离本国的父母兄弟，留住她们而使她们忘记亲人，爱好她们的美色而伤害她们的心，我不做这样的事。"于是将两个美女都归还给高丽使臣。

汉蕃歃盟

三年①四月，放先没蕃将士僧尼等八百人归还，报归蕃俘也。九月，和蕃使、殿中少监，兼御史中丞崔汉衡与蕃使区颊赞至。时吐蕃大相尚结息忍而好杀，以尝覆败于剑南②，思刷其耻，不肯约和。其次相尚结赞有材略，因言于赞普③，请定界明约，以息边人。赞普然之。竟以结赞代结息为大相，终约和好，期以十月十五日会盟于境上。以崔汉衡为鸿胪卿，以都官员外郎樊泽兼御史中丞、充入蕃计会使。初，汉衡与吐蕃约定月日盟誓，汉衡到，商量未决，已过其期，遂令泽诣结赞复定盟会期，且告遣陇右④节度使张镒与之同盟。泽至故原州，与结赞相见，以来年正月十五日会盟于清水⑤西。

四年⑥正月，诏张镒与尚结赞盟于清水。将盟，镒与结赞约，各以二千人赴坛所，执兵者半之，列于坛外二百步，散从者半之，分列坛下。……初约汉以牛，蕃为马，镒耻与之盟，将杀其礼，乃谓结赞曰："汉非牛不田，蕃非马不行，今请以羊、豕、犬三物代之。"结赞许诺。塞外无豕，结赞请出羝羊⑦，镒出犬及羊，乃于坛北刑之，血二器而歃盟⑧。

（《旧唐书·吐蕃传》）

【注释】

①三年：建中三年，公元782年。建中，唐德宗年号。②剑南：唐十道之一。辖四川剑阁以南、长江以北、甘肃皤冢山以南及云南省东北境地区。③赞普：吐蕃君长之号。④陇右：陇山以西至黄河以东地区。⑤清水：今名延河，源出安塞县西北芦关岭，经延安注入黄河。⑥四年：建中四年，公元783年。⑦羝羊：公羊。⑧歃（shà）盟：歃血盟誓。

【译文】

唐建中三年四月，吐蕃将先前没入吐蕃的唐朝将士僧尼等

800人归还唐朝，唐朝也送还吐蕃俘虏。九月，和蕃使、殿中少监兼御史中丞崔汉衡与吐蕃使臣区颊赞来到边境。当时吐蕃大相尚结息残忍好杀，因为曾兵败剑南，想洗刷耻辱，不肯约和。吐蕃次相尚结赞有才略，因而对赞普说请确定界限盟约，以安定边民。赞普表示同意了。终于决定让尚结赞代尚结息为大相，与唐朝盟约和好，以10月15日为期在边境上会盟。朝廷任崔汉衡为鸿胪卿，以都员外郎樊泽兼御史中丞，充当入蕃计会使。起初，崔汉衡与吐蕃已约定盟誓的日期，崔汉衡到时，商量不定，已错过了盟约之期，于是命令樊泽到尚结赞那里重新商定会盟之期，并且告诉樊泽派节度使张镒和他一起与吐蕃会盟。樊泽到故原州，与结赞相见，定于明年正月十五日在清水西会盟。

建中四年正月，诏令张镒与尚结赞会盟于清水，张镒与尚结赞约定，双方各派2000人赴会盟坛所，一半人带兵器，站列在坛外200步，一半人散行随从，分别站在坛下。……起初约定唐朝用牛，吐蕃用马，张镒认为与吐蕃会盟耻辱，想损减会盟礼仪，便对尚结赞说："汉人没有牛不能耕田，吐蕃没有马不能行走，那么我请求用羊、猪、狗三种动物来代替。"尚结赞同意。塞外没有猪，尚结赞请出以公羊、张镒出以狗和羊，在坛北杀掉，将二器皿混杂动物鲜血，然后两人歃血盟誓。

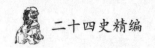

法　制

狄仁杰苦谏高宗

　　仁杰仪凤中为大理寺丞①，周岁断滞狱一万七千人，无冤诉者。时武卫大将军权善才坐误斫昭陵柏树②，仁杰奏罪当免职。高宗令即诛之，仁杰又奏罪不当死。帝作色曰："善才斫陵上树，是使我不孝，必须杀之。"左右嘱仁杰令出，仁杰曰："臣闻逆龙麟③，忤人主，自古以为难，臣愚以为不然。居桀、纣④时则难，尧、舜⑤时则易。臣今幸逢尧、舜，不惧比干⑥之诛。昔汉文时有盗高庙玉环⑦，张释之⑧廷诤，罪止弃市。魏文⑨将徙其人，辛毗⑩引裾而谏，亦见纳用。且明主可以理夺，忠臣不可以威惧。今陛下不纳臣言，瞑目之后，羞见释之、辛毗于地下。陛下作法，悬之象魏⑪，徒流死罪，俱有等差。岂有犯非极刑，即令赐死？法既无常，则百姓何所措其手足！"陛下必欲变法，请从今日为始。古人云：'假使盗长陵^⑫一抔土，陛下何以加之?'今陛下以昭陵一株柏杀一将军，千载之下，谓陛下为何主？此臣所以不敢奉制杀善才，陷陛下于不道。"帝意稍解，善才因而免死。

（《旧唐书·狄仁杰传》）

【注释】

①"仪凤"句：仪凤，唐高宗李治年号（公元676—678年）。大理丞，官名，掌刑狱。②"时武卫"句：坐，获罪。昭陵，唐太宗李世民墓，在今陕西省醴泉县东北九嵕山。③龙麟：比喻皇帝的威严。④桀、纣：古代暴君。桀，夏朝末代皇帝。纣，商纣王。⑤尧、舜：上古的两位贤明君主。⑥比干：商代贤臣，纣王淫乱、比干犯颜直谏，被剖心而死。⑦"昔汉文"句：汉文，即汉文帝刘恒，汉高祖子，在位23年，颇多政绩。高庙，汉高祖庙。⑧张释之：汉南阳人，以赀为骑郎，后为公车令。景帝时，出为淮南相。⑨魏文：即魏文帝曹丕，曹操子。⑩辛毗：三国魏阳翟人。初从袁绍，曹操表为议郎，迁丞相长史。文帝时迁侍中，好直谏。文帝欲徙冀州士家十万户实河南，毗谏不听，帝起入内，毗随而引其裾帝遂徙其半。明帝时封颖乡侯，出为卫尉。⑪象魏：宫廷外面的阙门，古代悬法于上。⑫长陵：陵名。汉高祖葬地，在渭水北，故址在今陕西咸阳市

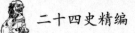

东北。

【译文】

狄仁杰，仪凤年间担任大理丞，一年之内审理判决了积压案件达 17000 人，没有上诉冤屈的。当时武卫大将军权善才因不慎砍伐了昭陵的柏树而获罪，狄仁杰上奏，认为他的罪过应当免去其官职。唐高宗诏令立即处死他，狄仁杰上奏说他的罪过不当处死。唐高宗气得变了脸色，说："权善才砍了昭陵的柏树，是让我背上不孝的罪名，必须予以处死。"左右群臣都示意狄仁杰退出宫廷，狄仁杰说："我听说冒犯龙颜，违抗君王，自古以来都认为是很难的事，我认为并非如此，如果处在桀、纣时代，的确很难办；但如果处在尧、舜时代。就容易做到了。我有幸遇到了尧、舜一样的贤君，所以不怕像比干那样被杀掉。过去汉文帝时，有人盗走了高祖庙里的玉环，张释之在朝廷上向汉文帝诤谏，论罪时并没有将盗贼于闹市中砍头示众。魏文帝准备迁徙冀人往河南，辛毗拉着文帝的衣摆而劝谏，也被文帝采纳。况且，对贤明的君主可以用道理来劝他改正错误，而对于忠臣却不能用权势所恐吓。如今陛下不采纳我的进言，我死后，无颜去见张释之、辛毗于地下。陛下制定了法律，悬挂在像魏之上，流放、处死等刑罚，都有其等级次序，难道犯下的罪过不应该处以极刑，却能下令杀死他吗？法律既然没有准则，那老百姓该怎么办呢！陛下如果一定要改变法律，请从今天开始吧。古人说：'如果盗取长陵一捧泥土，陛下如何治他的罪？'如今陛下因为昭陵的一株柏树而杀死一个将军，千载之后，人们会说陛下是什么样的君王？所以臣不敢奉命处死权善才，使陛下陷于无道之名中。"唐高宗的怒气于是稍微有所消解，权善才因而免于一死。

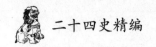

军 事

苏定方兵踏百济

显庆五年，从幸太原，制授熊津道大总管，率师讨百济①。定方自城山济海②，至熊津江口，贼屯兵据江。定方升东岸，乘山而阵，与之大战，扬帆盖海，相续而至。贼师败绩，死者数千人，自余奔散。遇潮且上，连舳入江，定方于岸上拥阵，水陆齐进，飞楫鼓噪③，直趣真都。去城二十许里，贼倾国来拒，大战破之，杀虏万余人，追奔入郭。其王义慈及太于隆奔于北境，定方进围其城。义慈次子泰自立为王，嫡孙文思曰："王与太子虽并出城，而身见在；叔总兵马，即擅为王，假令汉兵④退，我父子当不全矣。"遂率其左右投城而下，百姓从之，泰不能止。定方命卒登城建帜，于是泰开门顿颡⑤。其大将祢植又将义慈来降，太子隆并与诸城主皆同送款。百济悉平，分其地为六州，俘义慈及隆、泰

等献于东都⑥。

(《旧唐书·苏定方传》)

【注释】

①百济：古国名。故地在今朝鲜半岛西南。②"定方"句：定方，即苏定方，唐武邑人，征突厥，讨高丽，平百济，凡灭三国，官拜左骁卫大将军、封邢国公、凉州安集大使。城山，山名，在河北井陉县东南。③鼓噪：击鼓呼叫。④汉兵：即唐兵。⑤顿颡：屈膝下拜，以额触地，多于请罪、投降时行之。⑥东都：洛阳。

【译文】

唐高宗显庆五年，苏定方跟随皇上巡幸太原，被授熊津道大总管之职，率领军队讨伐百济国。苏定方从城山渡海，到达熊津江口，敌人屯兵据江防守。苏定方登上东岸，依山布阵，与百济兵大战，扬起的船帆覆盖海面，接连不断，相继进发，百济军溃败，死者数千人，其余的兵士各自奔逃溃散。破浪而上，战船相连，驶进江中，苏定方又在岸上结阵，水陆并进，荡桨击鼓，高呼而进，一直逼近百济都城，距离都城二十多里，百济举国出动，共同抵抗，苏定方率兵大战，打垮百济兵的进攻，杀死俘获万余人，接着乘胜追击，进入城郭。百济国王义慈和太子隆向城北逃窜，苏定方率兵包围百济都城。义慈次子泰自立为王，义慈的嫡孙文思说："国王和太子虽然都逃出城郭，但他们人还在，叔父总领兵马，就擅自称王，如果唐兵退却，我们父子将不能保全性命。"于是带领左右随从出城投降，百姓跟随着文思，泰不能制止，苏定方命令士卒登上城楼树起自己的军旗，于是泰只好打开城门屈膝投降。百济国大将祢植带着义慈来投降，太子隆和各城邦主都一起来服降，百济全部平定，将百济土地分为六州，俘获义慈、隆和泰等献于东都。

李渊起兵

十三年，为太原留守，郡丞王威、武牙郎将高君雅为副①。群贼蜂起，江都②阻绝，太宗与晋阳令刘文静首谋③，劝举义兵。俄而马邑校尉刘武周据汾阳宫举兵反④，太宗与王威、高君雅将集兵讨之。高祖乃命太宗与刘文静及门下客长孙顺德、刘弘基各募兵⑤，旬日间众且一万，密遣使招世子建成及元吉于河东⑥。威、君雅见兵大集，恐高祖为变，相与疑惧，请高祖祈雨于晋祠⑦，将为不利。晋阳刘世龙⑧知之以告高祖，高祖阴为之备。五月甲子，高祖与威、君雅视事，太宗密严兵于外，以备非常，遣开阳府⑨司马刘政会告威等谋反，

即斩之以徇⑩，遂起义兵。

（《旧唐书·高祖本纪》）

【注释】

①"郡丞"句：郡丞，官名，为郡守属官，辅佐郡守。武牙郎将，武官名。②江都：郡名，在今江苏扬州市，隋炀帝曾建行都于此。③"太宗"句：太宗，即唐太宗李世民（公元599—649年），唐高祖李渊次子，在位23年。晋阳，地名，故城在今山西太原市。刘文静，唐武功人，字肇仁，隋末为晋阳令，与太宗友善，共定计起兵。高祖即位，擢纳言，授民部尚书。④"俄而"句：马邑，地名，今山西朔县。校尉，武官名。刘武周，唐景城人，隋大业末斩鹰扬太守仁恭、自为太守，后归突厥，唐武德年间突厥杀之。汾阳宫，隋炀帝建。在今山西静乐县东北160里的管涔山上。⑤"高祖"句：高祖，唐高祖李渊（公元566—635年），唐王朝的建立者，在位9年逊位。长孙顺德，长孙无忌族叔，李世民妻堂兄，初仕隋，素为高祖所亲厚。太宗起兵，从征累有功，进左骁卫大将军，封薛国公，贞观中召为泽州刺史，为政以德，以严明称，遂为良吏。刘弘基，唐池阳人。从高祖举兵太原，有军功，累封夔国公，卒谥襄。⑥"密遣使"句：建成，即李建成，唐高祖长子，小字毗沙门，荒色嗜酒，畋猎无度。高祖即位，立为皇太子，"玄武

门兵变"为李世民所杀，谥隐。元吉，即李元吉，唐高祖四子，小字三胡，封齐王，"玄武门兵变"为李世民所射杀，贞观中追封巢王，谥剌。河东，山西省境内黄河以东地区。⑦晋祠：在今山西太原市西南悬瓮山麓，为周初唐叔虞始封地，原有祠。北齐天统年间改为大崇皇寺，后复原名。贞观十二年（公元638年）李世民御制晋祠之铭，立碑于祠。⑧刘世龙：隋大业末为晋阳乡长。⑨开阳府：在今山西省临沂县北。⑩徇：向众宣示。

【译文】

隋大业十三年（公元617年），（李渊）为太原留守，郡丞王威、武牙郎将高君雅为副留守。（这时），群贼蜂涌而出，江都阻绝不通，唐太宗与晋阳县令刘文静谋划，劝（李渊）发动起义之兵。不久，马邑县校尉占据汾阳宫起兵谋反，唐太宗与王威、高君雅准备集结军队前往征讨。唐高祖命令唐太宗与刘文静及门客长孙顺德、刘弘基分头招募兵士，十天之内募兵近一万，（随后），秘密派遣使者招回镇守河东的世子李建成、李元吉。王威、高君雅看到兵众结集完毕，恐怕高祖生变，互相猜疑、惧怕，于是请高祖在晋祠祈雨，准备刺杀高祖。晋阳乡长刘世龙得知后，将（王威、高君雅的计划）密告高祖，高祖秘密作好了应变准备。五月甲子日，高祖与王威、高君雅商讨

政事，太宗秘密伏兵在外面，以防备突发变故，又派开阳府司马刘政会告发王威等谋反，随即斩王威、高君雅示众，于是便发动义兵。

李世民哭谏高祖

大军西上贾胡堡①，隋将宋老生②率精兵二万屯霍邑，以拒义师。会久雨粮尽，高祖与裴寂议③，且还太原，以图后举。太宗曰："本兴大义以救苍生，须当先入咸阳，号令天下；遇小敌即班师，将恐众义之徒一朝解体。还守太原一城之地，此为贼耳，何以自全！"高祖不纳，促令引发。太宗遂号泣于外，声闻帐中。高祖召问其故，对曰："今兵以义动，进战则必克，退还则必散。众散于前，敌乘于后，死亡须臾而至，是以悲耳。"高祖乃悟而止。八月己卯，雨霁，高祖引兵趣霍邑。太宗恐老生不出战，乃将数将先诣其城下，举鞭指麾，若将围城者，以激怒之。老生果怒，开门出兵，背城而阵。高祖与建成④合阵于城东，太宗及柴绍⑤阵于城南。老生麾兵疾进，先薄⑥高祖，而建成坠马，老生乘之，高祖与建成军咸却。太宗自南原率二驰下峻

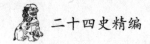

坂⑦，冲断其军，引兵奋击，贼众大败，各舍仗⑧而走。悬门发，老生引绳欲上，逐斩之，平霍邑。

（《旧唐书·太宗本纪》）

【注释】

①贾胡堡：地名，在今山西境内。②宋老生：隋镇守霍邑（今山西霍县）将领。③"高祖"句：高祖，唐高祖李渊（公元566—635年），唐王朝的建立者，仕隋，为太原留守，隋末各地农民起义，渊与子建成、世民等合谋起兵，攻入长安，次年自称帝，建唐王朝，年号武德。裴寂，唐桑泉人，字玄真，隋大业中为侍御史、晋阳宫副监，与高祖厚善。及高祖及位，官至尚书佐仆射。④建成：李建成，唐高祖（李渊）长子，"玄武门兵变"，为李世民所杀。⑤柴绍：唐临汾人。字嗣冒。幼矫健有勇力，以侠义称。李渊以第三女（平阳公主）妻之。隋炀帝东游，李渊起兵太原，绍为马军总管。累官右骁卫大将军。贞观中为华州刺史，卒赠荆州都督。⑥薄：逼近。⑦峻坂：即"峻阪（bǎn）"，陡坡。⑧仗：刀戟等兵器的总称。

【译文】

逢天久雨，粮草耗尽，李渊与裴寂商议回师太原，再谋划今后的行动。李世民说："原本举大义而救百姓，应当先入咸阳，以号令天下；遇到小敌就退兵，恐怕义军会很快解散。退守太原一城之地，这是为寇贼，怎么能保全自己呢！"李渊不采纳，仓促下令拔营退兵。李世民于是在帐外号哭起来，哭声传到帐内。李渊召他入帐问他哭什么，李世民说："如今兴兵，靠义发动，义兵进就胜，退就散。义兵溃散在前，敌军从后乘机而入，死亡为止不远了，因此，（我）感到悲伤啊！"李渊醒悟下令制止退兵。八月己卯日（十三），大雨停了，李渊带兵直趋霍邑。李世民唯恐宋老生不出战，便带领数名轻骑到城下，举鞭指挥，好像要包围霍邑城的样子，用以激怒宋老生。宋老生果然被激怒打开城门出兵，摆出与义军决一死战的阵势。李渊与子建成在城东联合布阵迎敌，李世民和柴绍在城南迎敌。宋老生指挥兵士疾速推进，先逼近李渊，建成坠落马下，宋老生乘胜进击，李渊与建成军队全部退却。李世民自城南率领二骑兵奔下陡坡，冲断宋老生军队，带领兵士奋勇出击，宋老生兵士大败，各自丢弃兵器而逃命。城楼的悬门打开了，宋老生抓住绳子准备上攀，被斩杀，霍邑平定。

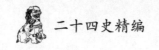

理　财

杨门凌天下

　　五载①七月，贵妃②以微遣送归杨铦宅，比至亭午③，上思之不食。高力士探知上旨，请送贵妃院供帐、器玩、廪饩等办具百余车，上又分御馔以送之。帝动不称旨④，暴怒答挞左右。力士伏奏请迎贵妃归院。是夜，开安兴里门⑤入内，妃伏地谢罪，上欢然慰抚。翌日，韩、虢⑥进食，上作乐终日。左右暴有赐与。自是宠遇愈浓。韩、虢、秦⑦三夫人岁给钱千贯，为脂粉之资。铦授三品、上柱国、私第立戟⑧，姊妹昆仲五家⑨甲第洞开，僭拟宫掖⑩，车马仆御，照耀京邑，递相夸尚。每构一堂，费逾千万计。见制度宏壮于己者，即彻而复造，土木之工，不舍昼夜。玄宗凡有游幸，贵妃无不随侍，乘马则高力士执辔⑪授鞭。宫中供贵妃院织锦刺绣之工，凡七百人，其雕刻熔造，又数百人。

扬、益、岭表刺史⑫，必求良工造作奇器异服，以奉贵妃献贺，因致擢居显位。玄宗每年十月幸华清宫，国忠姊妹五家扈从⑬，每家为一队，著一衣衣，五家合队，照映如百花之焕发，而遗钿坠舄⑭，瑟瑟⑮珠翠，璨琏⑯芳馥于路。而国忠私于虢国而不避雄狐之刺⑰，每入朝或联镳⑱方驾，不施帷幔。每三朝庆贺，五鼓待漏⑲，艳⑳装盈巷，蜡炬如昼。而十宅㉑诸王孙院婚嫁，皆因韩、虢为绍介，仍先纳赂千贯，而奏请罔不称旨。

（《旧唐书·后妃列传》）

【注释】

①五载：天宝五载，公元 746 年。②贵妃：杨贵妃杨玉环（公元 719—756 年），唐蒲州永乐人，晓音律、善歌舞，初为寿王妃，后为女道士，号太真。入宫后，得玄宗宠，册为贵妃。安史乱起，随玄宗出奔，六军杀杨国忠，贵妃亦被赐死。③亭午：正午。④称旨：符合皇帝旨意。⑤安兴里门：唐禁宫门名。⑥、⑦韩、虢、秦：即韩国夫人，虢国夫人、秦国夫人。杨玉环被册立为贵妃后，其父母、兄弟、姊妹皆封疆列土。贵妃有姊三人，皆有才貌，玄宗并封"国夫人'之号，大姨，封韩国；三姨，封虢国；八姨，封秦国。⑧铦：杨铦，杨贵妃从兄。品，古代宫吏分为九品，品，官吏的品级。上柱国，官名。唐

宋以上柱国为武官勋级中的最高级。立戟，唐代官、阶、勋三品以上者得于邸院门前立戟。⑨五家：即杨贵妃姊韩、虢、秦三夫人和其从兄杨铦、杨锜，合为五家。⑩"僭（jiàn）拟"句：僭，指超越身份，冒用在上者的职权行事。宫掖，掖，掖廷，宫内的房舍，为嫔妃居住之地，因称皇宫为宫掖。⑪辔（pèi）：驾驭牲口用的嚼子和缰绳。⑫"扬、益"句：扬，扬州，地名，今江苏扬州市为其旧治。益，益州，地名，其故地大部在四川境内。岭表，指五岭以南地区。唐代十道之一，治所在广州。刺史，官名。秦时监督各郡相当于后世的知府及直隶州知州。⑬扈从：随从；侍从。⑭舄（xì）：鞋。⑮瑟瑟：碧绿貌。⑯璨珊：璀璨明亮。⑰"而国忠"句：国忠，杨国忠（公元？—756年），唐蒲州永乐人。原名钊，后赐名国忠。因从妹杨玉环得宠，为唐玄宗所信任。天宝十一年李林甫死，以国忠为右相，兼吏部尚书、判度等要职，结党营私，独揽朝政，横征暴敛，搜刮民财。十四年范阳节度使安禄山以诛杨国忠为名，起兵叛乱。次年安禄山破潼关，国忠从玄宗出逃，在马嵬坡为众兵士所杀。雄狐，诗序谓齐襄公以国君而淫其妹文姜，如雄狐相随，失阴阳之匹。后喻人闺门乱行。⑱联镳：马衔相连，指并骑而行。⑲五鼓待漏：五鼓，五更。待漏，百官清早入朝，准备朝拜皇帝。漏，古代的计时器。⑳靘（qìng）：青黑色；华美。㉑十宅：即15宅、16宅。唐代诸王的居宅。唐开元

后置在安国寺东附苑城。后子孙繁多，又于宅外置百孙院。

【译文】

天宝五年（公元746年），杨贵妃被秘送到杨铦家中，到中午时分，唐玄宗思念贵妃不愿进食。高力士知道唐玄宗的心思，奏请给贵妃院送去供设帷帐、玩耍器具、粮食等各种用品百多车，又分给御食送去。唐玄宗动不动就不合心意，暴怒地鞭打随身臣仆。高力士伏地迎接贵妃归院。当晚，打开安兴里门进入内宫，贵妃伏地谢罪，唐玄宗高兴地上前抚慰。第二天，韩国夫人、虢国夫人奉上食物，陪唐玄宗整天作乐，随从全部都有赏赐。从此贵妃得到的宠爱越来越多。韩、虢、秦三夫人每年供给千贯钱，用作胭脂彩粉之资。杨铦授予三品官，为上柱国，允许在邸院门前立戟。姐妹兄弟五家，豪门宅第敞开，擅自仿造皇宫，进出有车马仆役，其光彩照耀京都，相互炫耀。每建一房，耗费超过千万，如发现有规模比自己的房子宏伟壮大的，马上拆掉重建，土木工匠，日夜劳作。玄宗的分赏和四方的进贡，五家都一样，源源不断。开元以来，豪门贵族兴盛，但都不能与杨氏相比。唐玄宗只要出巡，贵妃无不相随侍奉。骑马，高力士持鞭牵马，禁宫中专为贵妃院服侍的织锦刺绣工人，共700人，从事雕刻熔造的工匠，又数百人。扬州、益州、岭表的刺史，必定求访名工巧匠制作新奇的器物，与众不同的服饰，供奉给贵妃为贺，因而被提拔到显要位置。唐玄宗每年十一月巡幸华清宫，杨国忠姊妹五家随同，每家列为一队，穿同色的衣服，五家合为一队，光艳照人，如百花盛开，而遗落的饰物、鞋、碧绿的珠玉，璀璨夺目，一路芬香馥郁。而杨国忠私通于虢国夫人，毫不忌讳兄妹乱伦之嫌，每次入朝，并马而驾，不挂帐幕。每到三朝庆贺，五更时分等候朝见，华美的装扮充塞街巷，燃烧的烛光，照耀如同白昼。而十宅王子王孙们的嫁娶，都因为韩国夫人、虢国夫人的介绍，必须事先用千贯钱贿赂她们，而奏请无不符合唐玄宗的旨意。

李义琰不建府宅

义琰宅无正寝①，弟义琎为岐州司功参军②，乃市堂材送焉。及义琎来觐③，义琰谓曰："以吾为国相，岂不怀愧，更营美室，是速吾祸，此岂爱我意哉！"义琎曰："凡人仕为丞尉，即营第宅，兄官高禄重，岂宜卑陋以逼下也？"义琰曰："事难全遂，物不两兴。既有贵仕，又广其宇，若无令德，必受其殃。吾非不欲之，惧获戾④也。"竟不营构，其木为霖雨所腐而弃之。

（《旧唐书·李义琰传》）

【注释】

①"义琰"句：义琰，即李义琰，唐昌乐人，高宗时历官同中书门下三品。正寝，居屋之正室。②"弟义琎"句：岐州，州名，在今陕西凤翔县。司功参军，官名，在府为功曹参军，在州称司功参军，在县为司功，主掌官园祭祀、礼乐、学校、选举、表疏、医筮、考课、丧葬等事。③觐：朝见（君王）。④戾（lì）：罪过。

【译文】

李义琰的住宅没有正室，他的弟弟李义琎为岐州司功参军时，就买了造屋用的木材送给他，等到李义琎来朝拜皇上，李义琰对他说："我作为国相，难道不感到愧疚吗？再建造华丽的正室，是让我招致祸殃，这难道是爱我的意思吗？"李义琎说："一般人做到丞尉之类的小官，就开始建造府地，而哥哥高官厚禄，难道就应该居住在卑陋狭小的房子里吗？"李义琰说："事难以全合自己的心愿，物没有两全其美的，我已经做了高官，又扩建宅第，如果没有美德，必然遭受祸殃。并不是我不想建房，只是担心获罪。"李义琰终于没有营建正室，他弟弟送来的木材经风吹雨淋，腐朽后丢弃了。

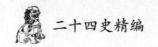

德　操

沥血认父

博州①聊城人王少玄者，父隋末于郡西为乱兵所害。少玄遗腹生，年十余岁，问父所在，其母告之，因哀泣，便欲求尸以葬。时白骨蔽野，无由可辨，或曰："以子血沾父骨，即渗入焉。"少玄乃刺其体以试之，凡经旬日，竟获父骸以葬。尽体病疮，历②年方愈。

（《旧唐书·王少玄传》）

【注释】

①博州：在今山东聊城县西北。②历：经历，经过。

【译文】

博州聊城人王少玄，其父隋朝末年在郡西被乱兵所杀。王少玄为遗腹子，10多岁的时候，询问父亲在哪里，他的母亲告诉了他，由此而痛哭不已，因此想找到他父亲的尸骨埋葬。当时白骨遍野，根本无法辨认。有人说："用儿子的血滴在父亲的骨头上就渗透进去。"王少玄便刺破自己的身体试着找寻，共历时十多天，终于找到他父亲的尸骨并埋葬了，而他自己遍体鳞伤，过了一年才痊愈。

颜师古考定五经

太宗①以经籍去圣久远，文字讹谬，令师古于秘书省考定五经②，师古多所厘正，既成，奏之。太宗复遣诸儒重加详议，于时诸儒传习已久，皆共非之。师古辄引晋、宋③以来古今本，随言晓答，援据详明，皆出其意表，诸儒莫不叹服。于是兼通直郎，散骑常侍④，颁其所定之书于天下，令学者习焉⑤。

（《旧唐书·颜师古传》）

【注释】

①太宗：即唐太宗李世民，唐高祖李渊次子，在位23年。
②"令师古"句：师古，即颜师古（公元581—645年）唐万年人，名籀，以字行。少传家学，博览群书，精于训诂，善属文。太宗时官中书侍郎、秘书监、弘文馆学士。秘书省，掌图

籍的官署。五经,《诗》、《书》、《礼》、《易》、《春秋》合称五经。③晋、宋:晋,三国后司马氏建立的政权,依次为西晋、东晋。宋,南朝之一,公元420—479年)。晋末刘裕代晋称帝,国号宋。④"于是"句:通直郎,官名,为寄禄官。散骑常侍,官名,唐置左右散骑常侍,分属门下、中书二省。⑤焉:语气助词,无实际意义。

【译文】

唐太宗认为经史图籍距离圣人已经十分久远了,文字多有谬误。诏令颜师古在秘书省考正五经,颜师古对谬误多有匡正,考定完毕,上奏唐太宗。唐太宗因此又派一些儒生重新加以仔细审议,当时儒生们传习五经已经很久了,对颜师古的考定匡正都表示异议。颜师古便引用晋、宋以来的古今版本,随意畅答,引证详细明了,都出于意外,儒生们无不叹服。因此兼官通直郎、散骑常侍,唐太宗将他所考定的书籍颁布天下,让学者学习。